W0089165

Jill Lepore

DIESES AMERIKA

MANIFEST
FÜR EINE
BESSERE
NATION

*Aus dem Englischen übersetzt
von Werner Roller*

C.H.Beck

Die Originalausgabe des Buches ist 2018 unter dem Titel «This America. The Case for the Nation» bei Liveright Publishing Corporation, a division of W. W. Norton & Company, New York, erschienen.

© Jill Lepore, 2019

Für die deutsche Ausgabe:
© Verlag C.H.Beck oHG, München 2020
Satz: C.H.Beck.Media.Solutions, Nördlingen
Druck und Bindung: Pustet, Regensburg
Umschlaggestaltung: Kunst oder Reklame, München
Printed in Germany
ISBN 978 3 406 74920 9

www.chbeck.de

INHALT

Im Gedenken an meinen Vater,
dessen Einwanderereltern ihm 1924,
in dem Jahr, in dem der Kongress ein Gesetz verabschiedete,
das Einwanderer wie sie aussperrte,
den Namen *Amerigo* gaben

«Nationen taumeln und schwanken auf ihrem Weg; sie machen schreckliche Fehler; sie begehen entsetzliches Unrecht; sie tun großartige und wunderschöne Dinge. Und werden wir die Menschheit nicht am besten anleiten, indem wir die Wahrheit über all dies berichten, insoweit die Wahrheit feststellbar ist?»

W.E.B. DU BOIS,
«THE PROPAGANDA OF HISTORY»,
1935

VORBEMERKUNG

Dieses kleine Buch widmet sich drei übergroßen Aufgaben, Dingen, die in jüngerer Zeit nicht sehr oft angegangen wurden, Dingen, deren Bearbeitung mir notwendig zu sein schien. Es untersucht die Ursprünge von Nationen. Es bietet eine kurze Geschichte des amerikanischen Nationalismus. Und es hält ein Plädoyer für die Nation und für die fortdauernde Bedeutung der Vereinigten Staaten und amerikanischer bürgerschaftlicher Ideale, indem es Argumente gegen den Nationalismus und für den Liberalismus vorbringt.

Dieses Buch ist eigentlich ein langer Essay, Argument und Appell in einem, eine Bilanz der amerikanischen Geschichte, der Nation in ihrer schlimmsten Gestalt, und ein Aufruf zu einem neuen Amerikanismus, der so unbeugsam und offenherzig sein soll wie die Nation mit ihren besten Eigenschaften.

I

GESCHICHTE
UND NATIONEN

Nationen bestehen aus Menschen, werden aber von der Geschichte zusammengehalten, wie Lehm und Flechtwerk oder Holzleisten und Gips oder Ziegelsteine und Mörtel. Die amerikanische Geschichte wurde eine Generation lang vernachlässigt, und die Nation zerfiel, der Lehm wurde rissig, der Gips zerfiel, der Mörtel bröckelte. Diese Tragödie wurde vorausgesehen.

Carl N. Degler, der stets mit Fliege auftretende Stanford-Historiker und Pulitzer-Preisträger, hielt 1986 einen Vortrag der besonderen Art, keine dieser gängigen Scotch-on-the-rocks-Reden für Pfeifenraucher nach dem Dinner, die das Abendprogramm bei der Jahresversammlung der American Historical Association während ihres gesamten einhundertjährigen Bestehens zu einer so öden Angelegenheit gemacht hatten. Stattdessen warf Degler, ein freundlicher und ruhig-heldenhafter Mann, seinen Kollegen nichts weniger als Pflichtverletzung vor: Vom Nationalismus entsetzt, hätten sie das Studium der Nation aufgegeben, sagte der Redner.

«Wir können eine Geschichte schreiben, die implizit den

Nationalstaat ablehnt oder ignoriert, aber das wäre eine Geschichte, die sich dem widersetzen würde, was Menschen, die in einem Nationalstaat leben, verlangen und fordern», sagte Degler an jenem Abend in Chicago in einer Rede, der er den Titel «In Pursuit of an American History» gegeben hatte. Er sprach eine Warnung aus: «Wenn wir Historiker es versäumen, eine national definierte Geschichte anzubieten, werden uns andere, die nicht so kritisch und weniger sachkundig sind, diese Aufgabe abnehmen.»

Degler war besorgt wegen seiner Zeitgenossen – Intellektuellen, die das Studium der Nation eingestellt hatten, weil sie der Ansicht waren, der Nationalstaat befinde sich im Niedergang. Die Welt hatte sich globalisiert, sie wurde zusammengehalten von ausgeklügelten Handelsnetzen und immer schneller werdenden Transportsystemen und Kommunikationsformen. Die Zukunft sei kosmopolitisch, betonten sie, nicht provinziell. Warum sollte man sich die Mühe machen, die Nation zu studieren?

Viele von Deglers Zeitgenossen waren außerdem der Ansicht, eine Beschäftigung mit der Nation würde den Nationalismus stärken, den man stattdessen zugrunde gehen lassen sollte. Im letzten Viertel des 20. Jahrhunderts war der Nationalismus außerhalb der postkolonialen Staaten so gut wie tot, ein taumelndes, scheußliches Gespenst. Und viele Intellektuelle waren der Ansicht, wenn sie nicht mehr über die nationale Geschichte schrieben, würde der Nationalismus, ausgehungert, vernachlässigt und aufgegeben, wie er war, noch früher absterben, und das wäre ein angemessenes

Ende für einen Kriegsverbrecher, einen Zerstörer von Welten.

Francis Fukuyamas viel gelesener Aufsatz «The End of History?» von 1989 erschien drei Jahre, nachdem Degler seine Rede gehalten hatte, aber er bleibt bis heute die bekannteste Illustration der Weisheit, die Deglers Warnung zugrunde lag. Am Ende des Kalten Krieges erklärte Fukuyama den Faschismus und den Kommunismus für tot und den Nationalismus, die vermeintlich letzte noch verbliebene Bedrohung für den Liberalismus, in Europa für gänzlich hinfällig («der europäische Nationalismus wurde entschärft»), und in den Teilen der Welt, in denen er noch Vitalität zeige, sei das kein ausgeprägter Nationalismus mehr: Das sei ein stockendes Ringen um Demokratie.

Aber der Nationalismus ging nicht zugrunde. Er verwüstete Bosnien und Ruanda. Er beförderte Nationalisten in Positionen, in denen sie Einfluss und Macht, ja sogar mörderische Macht ausüben konnten. Zu diesem Personenkreis gehörten unter anderem Wladimir Putin in Russland, Recep Tayyip Erdoğan in der Türkei, Viktor Orbán in Ungarn, Marine Le Pen in Frankreich, Jarosław Kaczynski in Polen und Rodrigo Duterte auf den Philippinen. Drei Jahrzehnte nach Deglers Warnung stimmte Großbritannien mehrheitlich für einen Austritt aus der Europäischen Union, und die Vereinigten Staaten wählten Donald Trump zum Präsidenten, der umgehend erklärte: «Ich bin ein Nationalist, okay?» Fukuyama nahm in einem neuen Buch Abstand von vielen seiner früheren Behauptungen und beharrte darauf, dass er

1989 keineswegs wortwörtlich gesagt habe, der Nationalismus werde «demnächst verschwinden». Aber Fukuyama war beileibe nicht der Einzige gewesen, der in den 1980er Jahren den Nationalismus für so gut wie tot erklärt hatte. Eine Menge anderer Leute hatte das ebenfalls getan. Das beunruhigte Carl Degler. Degler glaubte nicht, dass der Nationalismus kurz vor dem Ende stand, und ihm bereitete Sorgen, dass die Intellektuellen, sofern sie diese Einstellung beibehielten, ihn dauerhaft ignorieren und damit nicht nur versäumen würden, ihn zu bekämpfen, sondern auch die Fähigkeit zu dieser Auseinandersetzung einbüßen würden wie ein Boxer, der das Training vernachlässigt und darüber zu einem schlaffen, trägen Hasenfuß wird.

Nationalstaaten legen sich bei ihrer Gründung eine Vorstellung von der Vergangenheit zurecht. Die moderne Geschichtsschreibung entstand mit dem Nationalstaat. Dasselbe galt für den modernen Liberalismus. Das Thema der amerikanischen Geschichte war seit der Gründung der Vereinigten Staaten bis in die 1960er Jahre das Studium der amerikanischen Nation. Im gleichen Zeitraum führten die Vereinigten Staaten Eroberungskriege auf dem ganzen Kontinent, stürzten in einen Bürgerkrieg, kämpften in zwei Weltkriegen und traten in den Kalten Krieg ein. Währenddessen kämpfte ein Volk, das in Knechtschaft gehalten wurde, um seine Emanzipation und sah sich dabei einer Rechtspraxis der Rassentrennung und einem Terrorfeldzug bewaffneter Milizen ausgesetzt, was zu einem jahrzehntelangen Kampf um Bürgerrechte führte, der noch andauerte, als die Vereinigten Staaten zur Führungsmacht einer liberalen Weltordnung wurden. Auch wenn es den amerikanischen Historikern in diesen turbulenten Zeiten durchaus nicht immer gelang, sich auf eine gemeinsame Geschichte zu einigen, engagierten sie sich dennoch in diesem Streit, formulierten Zustimmung und Kritik zu nationalen Zielen und Zwecken, trugen Argumente vor, förderten die Debatte, verteidigten die Demokratie und feierten, oft in lyrischem Tonfall, die Schönheit des Landes, die Erfindungsgabe und den Einfallsreichtum des Volkes und die Vitalität der amerikanischen Ideale. Und so hielten es auch, jeweils auf ihre eigene Art, die Menschen, die in diesen nationalen Geschichtserzählungen unberücksichtigt blieben, Frauen und farbige Menschen, die sich für Freiheit und Selbstbestimmung und Staatsbürgerschaft und Gleichheit und Gerechtigkeit einsetzten und sich außerdem den Zugang zu höherer, universitärer Bildung erkämpften.

In den 1970er Jahren erweiterte sich das Spektrum der Historikerzunft; ebenso verhielt es sich mit der amerikanischen Geschichte. Das Studium der Nation fiel in Ungnade. Die meisten an Hochschulen lehrenden Historiker beschäftigten sich entweder mit kleineren oder mit größeren Dingen, untersuchten Gruppen – getrennt nach Rasse, Geschlecht oder Klasse – oder wählten die Perspektive, die die Globalgeschichte verhieß. Sie lieferten ausgezeichnete wissenschaftliche Beiträge, äußerst sorgfältig recherchierte und brillant formulierte Darstellungen der Lebensläufe, Kämpfe und Triumphe von Amerikanerinnen und Amerikanern, die frühere Historikergenerationen ignoriert hatten. Sie studierten Völker innerhalb von Nationen und nationenübergreifende Bindungen. Und in ihrem Entsetzen über den Nationalismus verwarfen sie die Nationalgeschichte als Dienerin des Nationalismus. Aber als die Geschichtswissenschaft das Schreiben über die Nationalgeschichte einstellte, traten andere, von weniger Skrupeln geplagte Leute auf den Plan.

Nationen brauchen, wenn sie sich selbst einen Sinn geben wollen, eine Art von Vergangenheit, auf die man sich einigen kann. Sie können das von Wissenschaftlern bekommen, oder sie können sich an Demagogen halten, aber sie werden so etwas bekommen. Die Dauerhaftigkeit des Nationalismus beweist, dass es niemals an Fanatikern und Betrügern mangelt, die bereit sind, das Gefühl, das die Menschen von sich selbst und ihrer Bestimmung entwickeln, mit einem Gewebe von Mythen und Prophezeiungen, Vorurteilen und Hassgefühlen zu verstärken oder den Unrat aus alten Mülleimern auszuschütten, der aus ätzenden Hetzreden, Ressentiments und Aufrufen zur Gewalt besteht. Der Nationalismus stirbt nicht ab, wenn seriöse Historiker das Studium der Nation aufgeben, wenn Wissenschaftler schon vom Versuch absehen, eine gemeinsame Geschichte für ein Volk zu schreiben. Stattdessen verschlingt er den Liberalismus.

Der Liberalismus ist immer noch vorhanden. Der Trick besteht darin, ihn zu aktivieren. Dafür gibt es nur einen Weg. Man muss sich eine sehr gute Idee schnappen und an ihr festhalten: dass alle Menschen gleich und von Geburt an mit unveräußerlichen Rechten ausgestattet sind und ein Recht auf Gleichbehandlung haben, das durch eine von Gesetzen geleitete Nation garantiert wird. Das verlangt nach einem Plädoyer für die Nation.

II

NATIONEN UND NATIONALISMUS

Die Vereinigten Staaten unterscheiden sich von anderen Nationen, und auch ihr Nationalismus ist ein anderer. Jede Nation unterscheidet sich von jeder anderen Nation: Nationen definieren sich über ihre Unterschiede, selbst wenn sie sie erfinden müssen. Das ist ein Teil dessen, was sie zu Nationen macht. Die Welt war nicht immer in Nationen aufgeteilt, und es gibt keinen Grund für die Annahme, dass dieser Zustand für immer erhalten bleiben wird, und das nicht zuletzt, weil das dringendste Problem, das es zu lösen gilt – der Klimawandel –, planetarischen Ausmaßes ist. Eine Welt ohne Nationen ist vorstellbar. Einstweilen existiert diese Welt jedoch nicht, und die bestehende Welt ist eine Welt der Nationen, deshalb ist es wichtig zu verstehen, was Nationen sind, und sich vorzustellen, was sie sein können.

Die Idee der Nation ist sehr alt, sie entstammt der Gedankenwelt der Antike. Das Wort «Nation» («natio») beruht auf der gleichen lateinischen Wortwurzel wie «nativitas» («Geburt»). Eine Nation ist, historisch betrachtet, ein Volk, das auf eine gemeinsame Herkunft verweisen kann.

Nach dem 1. Buch Mose breiteten sich die Familien der Söhne Noahs «nach ihren Ländern, ihren Sprachen, Geschlechtern und Völkern» aus. Die europäischen Universitäten waren im Mittelalter nach Sprache und Herkunft in «Nationen» unterteilt. Die englischen Kolonisten des 17. Jahrhunderts bezeichneten mit dem Wort «Nation» Völker wie die Haudenosaunee, ein seit Jahrhunderten bestehendes Bündnis von Irokesen, das den Engländern als die «Five Nations» galt. Im Verlauf des 18. Jahrhunderts nahm «Nation» nach und nach eine Wortbedeutung an, die enger mit Souveränität und Macht verbunden war. «Unsere weisen Vorväter sorgten für Einheit und Freundschaft zwischen den Five Nations», sagte Canasatego, ein Onondaga-Häuptling, 1744 zu englischen Kolonisten. «Das hat uns groß gemacht.»

Der Nationalismus ist jedoch keine sehr alte Idee. Er ist ein Produkt der Moderne. Das Wort «Nationalismus» wurde erst Ende des 18. Jahrhunderts geprägt, der damit gemeinte Sachverhalt trat erst im Verlauf des 19. Jahrhunderts zutage, und dann hauptsächlich in Europa. Er stand sowohl für eine Überzeugung, dass die Welt in Nationen aufgeteilt ist und dass dies auch so sein sollte, wie auch für eine besondere emotionale Bindung an die eigene Nation.

Die Menschen verwechseln mitunter Nationalismus mit Patriotismus. Es ist nicht falsch, sondern ohne jede Einschränkung richtig, wenn man den Ort liebt, an dem man lebt, ebenso wie die Menschen, mit denen man dort lebt, und wenn man dem Ort und diesen Menschen wünscht, dass es ihnen gut geht, deshalb sind Nationalismus und Patriotismus leicht miteinander zu verwechseln, vor allem, weil sie einst mehr oder weniger dasselbe bedeuteten. Aber in den Anfangsjahrzehnten des 20. Jahrhunderts hatte der Nationalismus durch den Aufstieg des Faschismus in Europa eine andere Bedeutung angenommen, die ihn vom Patriotismus unterschied. Er stand jetzt für etwas Erbarmungsloses, etwas Gewalttätiges: Es hatte weniger mit einer Liebe zum eigenen Land, sondern mit einem Hass auf andere Länder und ihre Bewohner und einem Hass auf Menschen im eigenen Land zu tun, die nicht der ethnischen, rassischen oder religiösen Mehrheit angehören. Die Einwanderungspolitik ist ein Thema für politische Debatten. Vernünftige Menschen haben unterschiedliche Ansichten. Aber der Hass auf Einwanderer, als wären sie Menschen, die weniger wert sind, ist eine Form des Nationalismus, die nichts mit Patriotismus zu tun hat. Die Handelspolitik ist ein Thema für politische Debatten; vernünftige Menschen haben auch hierbei unterschiedliche Ansichten. Aber der Hass auf Globalisten, der solche Menschen verteufelt, ist eine Form des Nationalismus, die nichts mit Patriotismus zu tun hat.

Die Verwechslung von Nationalismus und Patriotismus ist nicht immer harmlos. Louis Snyder, ein Professor am City College of New York, der den Aufstieg des Nationalsozialismus in Deutschland in den 1920er Jahren miterlebte, erklärte diese Entwicklung einst in einem Buch mit dem Titel *The Meaning of Nationalism*. Nationalisten, stellte er fest, «haben ein ausgeprägtes Interesse an einem vagen

21

Sprachgebrauch als Deckmantel für ihre Ziele». Weil die Menschen nur mit Mühe von einem Kurs zu überzeugen sind, der von Aggression, Gewalt und dem Streben nach Vorherrschaft geprägt ist und nach Opfern verlangt, die im Namen der Nation gebracht werden müssen, geben Nationalisten vor, ihre eigentlichen Ziele seien Schutz und Einigkeit, und ihre Motivation sei Patriotismus. Das ist eine Lüge. Patriotismus ist von Liebe beseelt, Nationalismus von Hass. Das eine mit dem anderen zu verwechseln bedeutet, Hass zur Liebe zu erheben und Furcht zum Mut.

Der Nationalismus, ein Kind des 19.Jahrhunderts, wurde in der ersten Hälfte des 20.Jahrhunderts zu einem Monster – zum Wüten, das den «Führer» und den «Duce» antrieb, fanatisch und brutal, gewalttätig und letztlich völkermörderisch. In den mittleren Jahrzehnten des 20.Jahrhunderts suchte der Nationalismus weite Teile Afrikas, Asiens und Lateinamerikas heim. Aber genau in diesem Zeitraum war Europa noch von dem Chaos gezeichnet, das der Nationalismus angerichtet hatte, weshalb Fukuyama 1989 die Ansicht vertreten konnte, der Nationalismus sei in Europa «entschärft» worden, und in anderen Teilen der Welt sei er weniger eine Ideologie als ein Mittel zur Erlangung der Unabhängigkeit. Nur an den äußersten Rändern des weltanschaulichen Spektrums bezeichneten sich Politiker in den westlichen Ländern jetzt noch als «Nationalisten».

Das änderte sich zu Beginn des 21.Jahrhunderts, als Nationalisten sich nicht mehr damit aufhielten, ihre Worte sorgfältig abzuwägen. «Wir setzen Amerika an die erste

Stelle, was seit vielen Jahrzehnten nicht mehr der Fall gewesen ist», sagte Donald Trump im Herbst 2018 bei einer Kundgebung in Houston, Texas, vor einem 16 000 Menschen zählenden Publikum. «Wir kümmern uns zur Abwechslung um uns selbst, Leute», sagte er und nickte dazu. Seine Anhänger schwenkten Schilder und Transparente, auf denen KEEP AMERICA GREAT und FINISH THE WALL zu lesen war. Er warnte vor einer Verschwörung, die auf die «Wiederherstellung der Herrschaft der korrupten, machtgierigen Globalisten» abziele. Die Menge buhte. «Ihr wisst, was ein Globalist ist, nicht wahr? Ein Globalist ist ein Mensch, der möchte, dass es der ganzen Welt gut geht, und dem, offen gesagt, unser Land ziemlich egal ist. Und wisst ihr was? Wir können das nicht dulden. Es gibt ein Wort, das mittlerweile schon altmodisch klang – das Wort ‹Nationalist›. Und ich sage, wir sollen dieses Wort tatsächlich gar nicht mehr benutzen. Wisst ihr, was ich bin?» Er bohrte einen Finger in die eigene Brust. «Ich bin ein Nationalist, okay?» Die Menge tobte. «Ich bin ein Nationalist!» Er wurde lauter. «Benutzt dieses Wort! *Benutzt dieses Wort!*»

Merriam-Webster berichtete, dass im Zeitraum zwischen Trumps Rede in Houston und dem darauffolgenden Tag die Online-Wörterbuchrecherchen nach dem Wort «Nationalismus» um 8000 Prozent zunahmen und es in die Rangliste der zehn im Jahr 2018 am häufigsten nachgefragten Wörter katapultierten. Am Tag nach seiner Rede in Houston gab Trump im Weißen Haus im Gespräch mit Reportern zum Thema Geschichte des Nationalismus den

23

Unwissenden und Gleichgültigen. Mit einem Achselzucken erklärte er: «Meiner Ansicht nach sollte er wiederkommen.» Das sollte er nicht.

III

NATIONEN UND STAATEN

Der Nationalismus ist ein Nebenprodukt des National-staats. Ein Staat ist ein politisches Gemeinwesen, das mit Hilfe von Gesetzen verwaltet wird; ein Nationalstaat ist ein politisches Gemeinwesen, das mit Hilfe von Gesetzen ver-waltet wird und – zumindest theoretisch – ein Volk vereint, das eine gemeinsame Herkunft hat, als ob es sich um eine Familie handelte. In Wirklichkeit vereint ein Nationalstaat normalerweise kein Volk mit gemeinsamer geografischer Herkunft und Abstammung; stattdessen beherbergt er alle Arten von Menschen aus vielen verschiedenen Orten und mit unterschiedlichen Stammbäumen, Menschen, die ver-schiedene Sprachen sprechen, vielfältigen Traditionen fol-gen und unterschiedlichen Glaubens sind. Manchmal ge-schieht es, dass eine mächtige Mehrheit die Minderheiten in der Bevölkerung beseitigt, durch Massaker, Inhaftierung, Verfolgung oder Deportation. Die katholischen Monarchen im Spanien des 15. und 16. Jahrhunderts ließen zum Beispiel Muslime und Juden töten und verbannten die Überleben-den. Häufiger kam es vor, dass Nationalstaaten, die sich aus Stadtstaaten, Königtümern und Großreichen entwickelten, all die verschiedenen in den neu gebildeten Territorien lebenden Menschen eingliederten. Die beste Methode, so etwas zu erreichen, war, eine gemeinsame Geschichte zu erfinden, Erzählungen über eine gemeinsame Vergangenheit zu verbreiten, Fakten und Legenden miteinander zu verbinden, so als hätten alle Angehörigen der «englischen Nation» dieselben Vorfahren, während sie in Wirklichkeit ein allumfassendes Völkergemisch waren, von den Kelten bis zu den Angelsachsen. Geschichten über Nationalstaaten sind Geschichten, die die Nähte verbergen, mit denen die Nation am Staat angeheftet ist.

Der Nationalismus trat erstmals als ein Produkt der Aufklärung in Erscheinung, als eine Spielart des Liberalismus. Gegen Ende des 18. Jahrhunderts Nationalist zu sein war gleichbedeutend mit dem Glauben an eine Menge revolutionärer liberaler Ideen: dass die Völker der Welt von Natur aus in Nationen aufgeteilt sind, dass die vernünftigste Regierungsform die nationale Selbstverwaltung ist, dass die Nationen souverän sind und dass Nationen die Rechte der Staatsbürger garantieren. Nationalistisches Gedankengut wurde erstmals nicht in den Vereinigten Staaten, sondern in Europa formuliert und wird üblicherweise nicht mit der Amerikanischen, sondern mit der Französischen Revolution verbunden und dort ganz besonders mit der Erklärung der Menschen- und Bürgerrechte 1789 in Frankreich: «Der Ursprung jeder Souveränität ruht letztlich in der Nation. Keine Körperschaften, kein Individuum können eine Gewalt ausüben, die nicht ausdrücklich von ihr ausgeht.» Poli-

26

tik wurde zur Ausübung einer neuen Gewalt, war nicht mehr das gottgegebene Recht von Königen, sondern der Wille der Nation.

Amerikanischer Nationalismus ist und war seit jeher kompliziert, so kompliziert, dass es hieß, in den Vereinigten Staaten sei «Nationalismus unbekannt». Das ist nicht wahr – in Wirklichkeit ist es lächerlich –, aber der amerikanische Nationalismus ist von ganz besonderer Art, was auch mit der seltsamen Entstehung der Nation zu tun hat.

Die Vereinigten Staaten entstanden nicht als Nation, sondern als Konföderation von 13 Staaten, und in der Zeit davor waren sie eine Ansammlung von Kolonien. Bis dahin war das Land jahrzehntausendelang von Menschen bewohnt worden, die ursprünglich aus Asien stammten. Es war dann von Menschen aus Europa besetzt, erobert und besiedelt worden, die außerdem Menschen aus Afrika, die in Knechtschaft gehalten wurden, ins Land brachten. Die von den Europäern gegründeten 13 Kolonien hatten wenig gemeinsam, so wenig, dass John Adams 1775 feststellte, dass sie sich «fast so sehr wie mehrere getrennte Nationen» voneinander unterschieden. Die Konstruktion einer amerikanischen «Nation» aus dieser Vergangenheit ist eine äußerst mühsame Angelegenheit.

Die Welt stand 1776 vor einem völligen Neubeginn, wie Thomas Paine schrieb: «Eine Situation ähnlich der jetzigen hat es seit den Tagen Noahs nicht mehr gegeben. Der Geburtstag einer neuen Welt steht vor der Tür.» Die Fesseln der Tyrannei waren abgeschüttelt. Ein kolonisiertes Volk

27

erklärte seine Unabhängigkeit. Untertanen eines Königs wurden zu einem freien Volk. Sie erklärten sich selbst für gleich geschaffen und mit Rechten ausgestattet, die ihnen niemand nehmen könne. Die Zeit stand still und begann von Neuem.

«Wir erachten diese Wahrheiten als selbstverständlich: dass alle Menschen gleich geschaffen sind; dass sie von ihrem Schöpfer mit gewissen unveräußerlichen Rechten ausgestattet sind; dass dazu Leben, Freiheit und das Streben nach Glück gehören.» Die Unabhängigkeitserklärung bezeichnete die Vereinigten Staaten aller hochfliegenden, weihevollen Prosa zum Trotz an keiner Stelle als Nation, und sie berief sich nicht auf nationales, sondern auf universelles Gedankengut.

Die Konföderationsartikel, ein 1777 geschlossener Vertrag, verbanden die 13 ehemaligen Kolonien – und jetzigen Staaten – zu einem «Bund und einer immerwährenden Vereinigung», die der Konföderation der Irokesen nicht unähnlich war, und garantierten ihre Souveränität in einem «festen Freundschaftsbund»; auch in diesem Dokument tauchte das Wort «Nation» nicht in eigener Sache auf und fand nur Erwähnung hinsichtlich eines möglichen Angriffs durch «eine Nation von Indianern». Die Amerikanische Revolution war ein außergewöhnlicher Wendepunkt der Weltgeschichte, ein Neubeginn. Aber mit der Vorstellung von einer amerikanischen Nation hatte sie nur wenig zu tun.

Die meisten Amerikaner sahen die Vereinigten Staaten noch lange nach der Revolution nicht als eine Nation, sondern, ihrem Namen entsprechend, als eine Konföderation von Staaten. Das zeigte sich sogar in der Grammatik. Der Name des Landes galt jahrzehntelang als ein als Pluralform aufzufassender Begriff: Die Vereinigten Staaten *sind (are)*, nicht *ist (is)*. Was machte diesen Staatenbund dann zu einer Nation? Es war nicht die 1787 entstandene Verfassung, die sich als so fragil erwies, dass sie passenderweise als «Dach ohne Wände» bezeichnet wurde. Dieses Dach ohne Wände verfügte im Keller noch über ein Verlies. Sein politisches System war ungleich; es schloss «nicht besteuerte Indianer» (das heißt: indigene Völker, die in ihren eigenen Nationen lebten) von jeder parlamentarischen Vertretung aus und zählte versklavte Menschen (Menschen afrikanischer Herkunft, die als persönlicher Besitz gehalten wurden) nur als drei Fünftel des Zählwertes einer erfundenen Kategorie «weißer Personen».

Die Verfassung bezeichnete die Vereinigten Staaten, ebenso wenig wie zuvor bereits die Unabhängigkeitserklärung und die Konföderationsartikel, niemals als «Nation». Ihre Fürsprecher, angeführt von Alexander Hamilton, James Madison und John Jay, bezeichneten sich selbst als Föderalisten, nicht als Nationalisten, auch wenn sie in Wirklichkeit insofern Nationalisten waren, als sie vorschlugen, eine nach den Bestimmungen der Konföderationsartikel gebildete Bundesregierung durch eine nationale Regierung zu ersetzen. Weil sie nur zu gut wussten, dass viele Amerikaner, zu denen beispielsweise Patrick Henry aus Virginia zählte, gegen eine nationale Regierung waren und eine Bundesregierung bevorzugten, beschlossen die Föderalisten, sich selbst als «Federalists» zu bezeichnen, was ein politischer Geniestreich war, weil ihre frustrierten Gegner, die eigentlichen Föderalisten, sich dadurch gezwungen sahen, unter der Bezeichnung «Anti-Federalists» aufzutreten.

Die Verfassung verlangte von den Einzelstaaten, einen Teil ihrer Befugnisse an die neue nationale Regierung abzutreten. Die Bürger der frühen Vereinigten Staaten waren Virginians und Pennsylvanians und Marylanders und Georgians. Waren sie Amerikaner? Nicht so sehr. Warum sollten Menschen, die sich an ihre Heimatstaaten, aber nicht so sehr an die Nation gebunden fühlten, einer nationalen Regierung zustimmen? Die Federalists konzentrierten ihre Bemühungen hauptsächlich auf die Erklärung der Vorzüge der Verfassung, insbesondere auf die politische Stabilität, deren Schaffung sie versprach. Diese Stabilität beruhte auf einem Kompromiss, der nicht nur die Fortsetzung der Sklaverei im Süden erlaubte, und das in einer Zeit, in der sie im Norden im Schwinden begriffen war, sondern den Sklavenhalterstaaten auch eine überproportionale politische Macht als Gegenleistung für ihre Bereitschaft, in der Union zu verbleiben, einräumte. Zum Problem einer mangelnden Bindung an die Nation erklärten die Federalists in der Regel, das sei in Wirklichkeit gar kein Problem. Der New Yorker John Jay betonte im Federalist-Beitrag Nr. 2, «dass es der Vorsehung gefallen hat, dieses eine zusammenhängende Land einem vereinten Volk zu geben – einem Volk, das von denselben Ahnen abstammt, dieselbe Sprache spricht, sich zu demselben Glauben bekennt, denselben Regierungsgrundsätzen verhaftet ist, sehr ähnlichen Sitten und Gebräuchen folgt».

Die Ratifikation der Verfassung war ein harter Kampf. Die Federalists machten sich nach ihrem Sieg daran, das Gefühl der nationalen Zusammengehörigkeit zu fördern, von dem Jay zuvor behauptet hatte, dass es bereits existiere. Und ebenso hielten es im Bestreben, das Land zu einen, ihre frühen Gegner, die Anti-Federalists, die sich jetzt als Jeffersonian Republicans mehr oder weniger neu gründeten. Amerikaner hielten jetzt Umzüge am 4. Juli ab, feierten damit ihre Unabhängigkeit und förderten zugleich den nationalen Zusammenhalt. Jedidiah Morse veröffentlichte 1789 seine *American Geography, Or, a View of the Present Situation of the United States of America*, mit der er ein Nationalgefühl heranziehen und stärken wollte. «Wie die Nation, von der es handelt», erklärte Morse, sei sein Buch «noch ein Kleinkind und bittet in dieser Eigenschaft um die fördernde Pflege des Landes, das es beschreibt». Noah Webster versuchte einen Nationalcharakter zu schaffen, indem er die Amerikaner dazu drängte, eine charakteristische Rechtschreibung zu entwickeln. Sein erstes kurzes Wörterbuch erschien 1806. «Die Sprache sollte, ebenso wie die Regierungsform, eine nationale Angelegenheit sein», schrieb Webster. «Amerika sollte seine *eigene* haben, die sich vom Rest der Welt unterscheidet.» Das brachte den Vereinigten Staaten die Schreibweise «favor» anstelle von «favour» ein. «Wir sind alle Republikaner, wir sind alle Föderalisten», verkündete Jefferson in seiner Inaugurationsrede 1801 und betonte damit einen Geist des Amerikanismus. Nichts bewegte die ersten Regungen eines amerikanischen Nationalismus so sehr wie der Krieg von 1812. Und dennoch nahm Webster, als er 1825 sein monumentales zweibändiges *American Dictionary of the English Language* fertigstellte, das Wort «Nationalismus» nicht in dieses Werk auf. Aber ein Jahr später, als die Amerikaner 1826 den 50. Jahrestag der Unabhängigkeitserklärung feierten, hatte die Entwicklung eines Gefühls der nationalen Zusammengehörigkeit bereits eingesetzt. Mit einem halben Jahrhundert Verzögerung entstanden Mauern unter jenem Dach.

Die Vereinigten Staaten waren, anders gesagt, ein Staat, bevor sie zu einer Nation wurden. Dieser Verlauf ist so ungewöhnlich – es bildet sich keine Nation, die anschließend zum Staat wird, sondern ein Staat entsteht, bevor er zur Nation wird –, dass es angebracht erscheint, sich die Vereinigten Staaten nicht als Nationalstaat, sondern als etwas Merkwürdigeres zu denken: als eine Staatsnation, eine äußerst seltene Angelegenheit.

IV

DIE ENTSTEHUNG DES NATIONALISMUS

Die Sprache des Nationalismus, die in den Vereinigten Staaten in den 1830er Jahren zutage trat, hatte weniger mit Gefühlen nationaler Zugehörigkeit, sondern mit dem andauernden Konflikt zwischen der Macht der Bundesregierung und den Rechten der Einzelstaaten zu tun. Ein Nationalist zu sein bedeutete, sich für die Machtbefugnisse der Bundesregierung einzusetzen. Nach dem Ende der Federalist Party trat die 1824 gegründete National Republican Party für kurze Zeit an ihre Stelle. Ihre Mitglieder waren allgemein als «Nationals» bekannt, und sie befürworteten den Nationalismus. Als die Kandidaten der National Party bei Wahlen in Massachusetts 1831 schlecht abschnitten, spottete eine Zeitung, dass «wir daraus schließen könnten, dass es um ‹Nationalismus› nicht gut bestellt ist, sogar in Boston».

Gegen die Nationalisten wandten sich sowohl die Verfechter des Partikularismus, die jeden Aufruf zu einem Ende der Sklaverei als Verstoß gegen die Rechte der Einzelstaaten zurückwiesen, als auch die indigenen Völker, die jeden Anspruch auf rechtliche Zuständigkeit von Seiten der

Bundesregierung ablehnten. «Der Geist des Partikularismus muss durch den Geist des Nationalismus ersetzt werden», forderten Nationalisten. «Nieder mit dem Nationalismus», gaben die Partikularisten zurück. «Alles, Mr. President, läuft auf die Nationalität hinaus», schäumte John Tyler, der Senator aus Virginia, 1833 bei einer Rede im Senat. «Man kann nicht durch die Straßen gehen, ohne das Wort auf jedem Schild zu sehen – Nationalhotel, Nationalschuhputzer, Nationalschmied, Nationales Austern-Haus.»

Die gesamte Aufzählung diente als Einleitung für Tylers Hauptanliegen, die Betonung der Rechte der Einzelstaaten: «Die Regierung wurde von den Staaten eingerichtet, ist den Staaten rechenschaftspflichtig, wird von den Staaten unterhalten und wird vielleicht von den Staaten aufgelöst, und dennoch sagt man uns, sie sei keine Regierung der Staaten.»

Das war natürlich der springende Punkt. Aber ein großer Teil des Getöses über Nationalismus und Partikularismus, die Macht der Bundesregierung und die Rechte der Einzelstaaten diente dazu, weitere Debatten über die eigentlichen, brutalen und zur Entscheidung anstehenden Themen zu vermeiden: die Eroberung von Land, das seit einer Ewigkeit von indigenen Völkern bewohnt wurde, und die Existenz von Menschen auf dem Gebiet der Vereinigten Staaten, denen jeder denkbare Schutz durch einen Nationalstaat, der eigentlich eine Staatsnation war, versagt wurde, Menschen, die als persönlicher Besitz gehalten wurden.

Das Zeitalter der Nationalschuhputzer, Nationalen Austern-Häuser und Nationalschmiede brachte unweigerlich auch Bücher über die Nationalgeschichte hervor. Die erste große Geschichte der amerikanischen Nation, George Bancrofts gewaltige, zehnbändige *History of the United States from the Discovery of the American Continent to the Present,* erschien im Zeitraum von 1834 bis 1874. Bancroft diente im Regierungsapparat dreier US-Präsidenten, einschließlich einer Amtszeit als Marineminister während des Zeitalters der amerikanischen Expansion. Er feierte die amerikanische Demokratie, die erste Demokratie der modernen Welt, und propagierte auch die Idee der *Manifest Destiny* («offenbaren Bestimmung»), das Gefühl der Amerikaner von ihrem gottgegebenen Recht, sich über den ganzen Kontinent auszubreiten und von indigenen Völkern bewohntes und von europäischen Nationen wie Russland, Spanien und Frankreich beanspruchtes Land in Besitz zu nehmen. Er schrieb eine Geschichte, die den Staat zu einer Nation zu machen versuchte. Um dieses Ziel zu erreichen, versuchte er, die Gründung der Nation als unvermeidlich und ihr Wachstum als unaufhaltsam darzustellen. Er wollte eine sehr junge Nation mit einer sehr weit zurückreichenden Vergangenheit ausstatten. Deshalb begann er seine Darstellung nicht im Jahr 1776, in dem die Vereinigten Staaten ihre Unabhängigkeit erklärten und in dem wohl alles, was zutreffend als «Geschichte der Vereinigten Staaten» bezeichnet wird, beginnt, sondern 1492 mit «der Entdeckung des Kontinents». Bancroft wollte die Nation älter erscheinen lassen, um ihr mehr Würde, mehr Autorität und schlicht und einfach mehr Geschichte zu verleihen.

Frühe Nationalgeschichten arbeiteten immer mit dieser Methode. Alle damit befassten Autoren standen vor einer mühsamen Bergauf-Kärrnerarbeit. Die Nationen unterscheiden sich dabei nur durch den Grad der Steigung und die Länge des Anstiegs. Die «französische Nation» war eine Erfindung, und um dies weniger deutlich zutage treten zu lassen, mussten sich die Franzosen eine sehr lange Geschichte zuschreiben, eine Geschichte, die alle anderen Unterscheidungsmerkmale beseitigte oder ignorierte. Normannen, Elsässer, Protestanten, Basken, Pariser, Juden, Muslime – alle Menschen, die auf dem französischen Staatsgebiet lebten, ganz gleich, wie sie sich selbst sahen, in welcher Sprache sie sich verständigten oder welche Religion sie praktizierten – sollten sich jetzt als Franzosen betrachten und, was noch seltsamer anmutete, glauben, dass sie das schon immer gewesen seien. Nachdem Italien geschaffen sei, sei es jetzt notwendig, Italiener zu schaffen, sagte Massimo d'Azeglio, ein Staatsmann des 19. Jahrhunderts. Die meisten Ungarn stellten erst zehn Jahrhunderte später fest, dass der Ursprung ihrer Nation auf das Jahr 896 zu datieren gewesen war. Europäische Einwanderer in die Vereinigten Staaten erfuhren in vielen Fällen erst dann, dass sie einer bestimmten Nation angehörten, als sie auf Einwanderungsformularen eine «Staatsangehörigkeit» («nationality») angeben sollten.

Der Nationalismus, dessen Kultivierung George Bancroft sich in seiner *History of the United States* widmete, war nur ein Teil eines umfassenderen, im 19. Jahrhundert betriebenen Projekts, mit dem die Völker der Welt nach Nationalitäten eingeteilt wurden. Wie Jedidiah Morses Geografiebücher und Noah Websters Wörterbücher zielte Bancrofts Geschichtswerk auf die Förderung eines Gefühls der nationalen Zugehörigkeit in einer sich bemerkenswert rasch wandelnden US-Bevölkerung ab, einer Bevölkerung, die ein in der Weltgeschichte bis dahin unbekanntes Wachstum erlebte, einer Bevölkerung, deren überwältigende Mehrheit aus Einwanderern und den Kindern von Einwanderern bestand.

Die Vereinigten Staaten wurden als Asyl und Zufluchtsort gegründet: als eine Freistatt. Dies war eine Form des Patriotismus. Thomas Paine nannte Amerika in seiner Schrift *Common Sense* «ein Asyl für die Menschheit». Die Unabhängigkeitserklärung nennt als ein vom König begangenes Unrecht, dass er Menschen davon abgebracht, ja sogar verhindert habe, dass sie in die Kolonien gehen, indem er «den Vollzug der Einbürgerungsgesetze für Ausländer behindert» und «sich geweigert hat, andere zu verabschieden, welche deren Einwanderung nach hier fördern sollten». «Ich hatte immer gehofft, dass dieses Land ein sicheres & angenehmes Asyl für den tugendhaften & verfolgten Teil der Menschheit werden könnte, welcher Nation diese Menschen auch immer angehören mögen», schrieb George Washington 1788. Thomas Jefferson bezeichnete die Vereinigten Staaten 1817 als «eine Freistatt für diejenigen, die die

37

unfähige Herrschaft in Europa zwingen mag, ihr Glück in anderen Weltgegenden zu suchen». Die Vorstellung von den Vereinigten Staaten als einer Freistatt mäßigte den amerikanischen Nationalismus und stärkte zugleich das Engagement der Amerikaner für den Universalismus. «Wir lieben unser Land, aber nicht blindlings», verkündete der Unitarier-Geistliche William Ellery Channing 1823. «In allen Nationen erkennen wir eine große Familie.» «Nationalität ist bis zu einem gewissen Grad eine gute Sache», schrieb Henry Wadsworth Longfellow 1849, «aber Universalität ist besser.» Oder wie Oliver Wendell Holmes 1858 schreiben sollte: «Wir sind die Römer der modernen Welt – das große assimilierende Volk.» Barack Obama bezog sich auf diese Tradition, als er sich 2008 dem amerikanischen Volk vorstellte. «Ich bin der Sohn eines schwarzen Mannes aus Kenia und einer weißen Frau aus Kansas», sagte er. «Diese Menschen sind ein Teil von mir. Und sie sind ein Teil von Amerika.» Obamas amerikanische Familie – Obamas Amerika – war schwarz und weiß und braun, sie kam aus der ganzen Welt. «Ich habe Brüder, Schwestern, Nichten, Neffen, Onkel und Cousinen jeder Rasse und Hautfarbe, sie sind über drei Kontinente verstreut, und ich werde, solange ich lebe, niemals vergessen, dass meine Geschichte in keinem anderen Land der Erde möglich wäre.»

Obama erfand diese Vorstellung natürlich nicht, einen bürgerschaftlichen Verfassungspatriotismus, sosehr seine Wahl auch für eine Einlösung dieses Versprechens stand und sosehr seine Eloquenz sie auch erhöhte. Der erste Teil von Bancrofts *History of the United States* ist die Geschichte des englischen Volkes, das eine neue Nation gründet. Aber Bancroft feierte auch die Vereinigten Staaten als eine pluralistische und kosmopolitische Nation, deren Geschichte die Geschichte eines Volkes ist, das nicht von einer gemeinsamen Gruppe von Vorfahren abstammt, sondern von allen Kulturen der Welt. «Frankreich trug zu ihrer Unabhängigkeit bei», hielt er fest, «der Ursprung der Sprache, die wir sprechen, führt uns nach Indien; unsere Religion kommt aus Palästina; einige der Lieder, die wir in unseren Kirchen singen, waren zuerst in Italien zu hören, andere in den Wüsten Arabiens, wieder andere an den Ufern des Euphrats; unsere Kunst stammt aus Griechenland, unsere Jurisprudenz aus Rom.»

Diese bestimmte Nation zu lieben bedeutet, die Welt zu lieben. Dieses Paradoxon ist mit allen Erscheinungsformen des liberalen Nationalismus verbunden. Eine liberale Nation ist eine Nation, der jeder Mensch angehört, der ihre bürgerschaftlichen Ideale teilt.

V

LIBERALISMUS UND NATIONALISMUS

Liberalismus ist der Glaube, dass die Menschen gut sind und frei sein sollten und dass sie Regierungen einsetzen, um diese Freiheit zu garantieren. Der Nationalismus des 19. Jahrhunderts und der moderne Liberalismus wurden aus demselben Grundstoff geformt. Nationen sind Kollektive, und der Liberalismus bezieht sich auf Individuen; liberale Nationen sind Ansammlungen von Individuen, deren Rechte als Bürger von der Nation garantiert werden. Die Tätigkeit liberaler Regierungen beruht auf einem Mandat des Volkes: Liberale Nationen regieren sich selbst. Ihr Aufstieg markierte das Ende monarchischer Herrschaft. *L'état, c'est moi,* soll Ludwig XIV. verkündet haben, aber seinem Urenkel Ludwig XV. wurde der folgende Ausruf zugeschrieben, nachdem er zum ersten Mal das Wort «Nation» gehört hatte: «Nation! Was bedeutet Nation? Gibt es noch irgendetwas außer mir selbst?» Mit dem Aufstieg des liberalen Nationalstaats wurde das Volk zum Staat: Er beruhte auf seiner Zustimmung. *L'état, c'est nous.*

Aber Nationalismus und Liberalismus, wiewohl aus demselben Grundstoff geformt, nahmen eine verschiedenartige Gestalt an. Der Liberalismus machte sich eine Reihe von Zielen in Sachen Freiheit und Demokratie zu eigen, die als universell galten. Bancroft ging sogar so weit, sie rückwirkend bis in alle Ecken dieser Welt nachzuverfolgen. Aber der Nationalismus propagiert eine Bindung an einen bestimmten Ort, indem er nationale Besonderheiten betont. Wie kann ein als universell geltendes Gedankengut eine nationale Identität stärken? Nur wenn die Menschen, die dieses Gedankengut teilen, glauben, dass diese Gedanken früher oder später überall gültig sein werden.

Unterdessen fanden sehr viele Menschen keine Aufnahme in den vermeintlichen Universalismus des amerikanischen Nationalismus, so wie sie auch vom Bürgerrecht in der Nation ausgeschlossen wurden. Die überwältigende Mehrheit der Menschen in aller Welt kam während des größten Teils der amerikanischen Geschichte für die US-Staatsbürgerschaft aufgrund ihrer Rasse, ihrer Herkunft oder aufgrund ihres Geschlechts nicht infrage. Der Naturalization Act von 1790 bot die Einbürgerung nur «freien weißen Personen» an. Und Bancroft schrieb schließlich die Geschichte der Vereinigten Staaten als die Geschichte der von der Vorsehung bestimmten Gründung der ersten modernen Demokratie der Welt durch den «weißen Mann», nachdem dieser die «Wilden» überwunden hatte. Bancroft hielt die Sklaverei für eine nationale Sünde und warnte, sie würde der Republik zum Verhängnis; die Schuld sah er bei den Afrikanern: «Die Negersklaverei ist keine Erfindung des weißen Mannes.» Bancrofts Universalismus war gar kein Universalismus.

Eine Nation, die die meisten Völker der Welt für nicht einbürgerungsfähig erklärt und sich selbst zugleich als Asyl darstellt, wird von einem Widerspruch geprägt. Aber die Vereinigten Staaten, von all denen getadelt, die in ihrem Wunschbild von der Nation keinen Platz haben, kämpften schon früh mit diesem Widerspruch, und das hat niemals aufgehört. In den Vereinigten Staaten *ist* die Nation jener Kampf.

Viele Amerikaner des 19.Jahrhunderts, die selbst Einwanderer und Kinder und Enkel von Einwanderern waren, betrachteten andere Menschen, die in die Vereinigten Staaten kamen, für alle Zeiten als Ausländer. Die 14-jährige Afong Moy, die 1834 aus China nach New York kam, wurde als Kuriosität ausgestellt – Gaffer bezahlten 50 Cents, um sie zu sehen, mit ihren winzigen, gebundenen Füßen und in ihrer «Nationaltracht». Sie reiste durchs Land, schließlich mit P. T. Barnum, als Teil einer Sammlung von «Nationalitäten». Dagegen wollten manche Menschen in den Vereinigten Staaten – ebenso wie in anderen Nationen – von einer Zuordnung zu einer Nationalität nichts wissen. Sie hatten mitbekommen, dass man von ihnen erwartete, sich für «Franzosen» oder «Deutsche» oder «Amerikaner» zu halten, und sie verweigerten sich. Diese Haltung machte den Befürwortern eines liberalen Nationalismus zu schaffen. «Es ist generell eine unerlässliche Bedingung für freie Institutionen, dass die politischen Grenzen sich im Großen

43

und Ganzen mit den Nationalitätsgrenzen decken», schrieb John Stuart Mill 1861. Mill konnte sich nicht erklären, wie irgendjemand, der in Frankreich lebte – ganz gleich, welcher ethnischen oder regionalen oder sprachlichen oder religiösen Minderheit dieser Mensch angehörte –, sich der Idee der Zugehörigkeit zur französischen Nation widersetzen konnte, wenn das Bürgerrecht in einer liberalen Nation so viele Vorteile mit sich brachte. «Niemand kann bestreiten, dass es für einen Bretonen oder Basken von Vorteil ist, (...) als Angehöriger der französischen Nation alle französischen Bürgerrechte unter gleichen Bedingungen zu genießen, den Vorteil des französischen Schutzes und Würde und Ansehen der französischen Macht zu teilen», sagte Mill, «als auf dem heimatlichen Felsen als halbwildes Relikt einer vergangenen Zeit dahinzuvegetieren und sich ohne Teilnahme und Interesse an der allgemeinen Entwicklung der Welt nur innerhalb des eigenen engen geistigen Horizonts im Kreise zu drehen.» Das war Mills blinder Fleck.

Für die Generation von Intellektuellen, die in der Mitte des 19. Jahrhunderts die Idee des liberalen Nationalismus propagierte, waren Menschen wie die baskischen Nationalisten ein Rätsel, weil für liberale Nationalisten die Entstehung einer Nation und die Zugehörigkeit zu einer Nationalität notwendige und sogar unvermeidliche Schritte auf einem Weg zu moralischem, gesellschaftlichem und politischem Fortschritt waren. Der liberale Nationalismus als Idee ist grundsätzlich historisch orientiert. Als Plädoyer für die Nation war im 19. Jahrhundert weniger zu hören, dass die Nation eine naturgegebene Kategorie, sondern dass sie aus einer historischen Entwicklung hervorgegangen sei. Der liberale Nationalismus beruhte auf einer Analogie zwischen dem Individuum und dem Kollektiv. So wie die Liberalen an das Individuum glaubten, so glaubten sie auch an Nationen. Dieser Glaube beruhte auf der Idee, dass gleiche Rechte für Individuen *nur dann* garantiert werden könnten, wenn sie Staatsbürger von Nationen wurden: Diese Vorstellung band den Liberalismus an den Nationalismus. Ohne Nationen keine Verfassungen; ohne Verfassungen keine Staatsbürger; ohne Staatsbürger keine Rechte.

Mitte des 19.Jahrhunderts waren der Liberalismus und der Nationalismus in der amerikanischen Politik genauso eng miteinander verbunden wie in Europa. Abraham Lincoln bezeichnete sich selbst als «nichts weniger als national in all den Ansichten, die ich vertreten mag», womit er meinte, dass er kein Verfechter des Partikularismus war. Aber er vertrat auch den Analogieschluss des liberalen Nationalisten zwischen dem Staatsbürger und der Nation. «Mein Glaube an den Vorsatz, dass jeder Mensch mit allem, was sein ausschließliches Eigentum ist, verfahren sollte, wie es ihm beliebt, liegt dem Gerechtigkeitsgefühl zugrunde, das ich in mir trage. Ich erweitere diese Grundsätze ebenso auf menschliche Gemeinschaften wie auf Einzelpersonen.»

Das Verhältnis zwischen Liberalismus und Nationalismus war in den Vereinigten Staaten dennoch von anderer Art als in Europa, weil die Vereinigten Staaten ihren Anfang als Staatsnation genommen hatten, nicht als Nationalstaat; weil die Amerikaner ihre Nation als ein Asyl verstanden und weil Amerikaner, die bei der Staatsgründung nicht berücksichtigt worden waren, die Idee der Nation als Fortschritt ablehnten. Die Vereinigten Staaten hatten ihre eigenen Basken. Sie reagierten auf den amerikanischen Nationalismus mit öffentlicher Anprangerung und mit der Entwicklung einer eigenen Variante.

VI

NATIONEN
UND STAATSBÜRGER

Eine Nation, die auf dem Gedanken beruht, dass alle Menschen gleich geschaffen und mit unveräußerlichen Rechten ausgestattet sind, und die allen unter Verfolgung leidenden Menschen Asyl gewährt, ist ein Leuchtturm für die Welt. Das ist das Beste, was Amerika zu bieten hat: eine Nation, die unterschiedliche Meinungen begrüßt, die Redefreiheit schützt, den Erfindergeist fördert und ein fast unglaubliches Wachstum und ebensolchen Wohlstand ermöglicht. Aber eine Nation, die auf Idealen und universellen Wahrheiten beruht, sieht sich auch an jeder Wegbiegung Vorwürfen wegen Heuchelei ausgesetzt. Diese Vorwürfe liegen nicht außerhalb des Erzählstrangs der Geschichte von Amerika oder sind darunter verborgen. Sie sind dieser Erzählstrang, sind die Geschichte, auf die sich jedes Plädoyer für die amerikanische Nation im 21. Jahrhundert stützen muss, eine Geschichte von Kämpfen und Qualen und Mut und Hoffnung.

Sie beginnt mit Wut. William Apess, ein Pequot-Geistlicher aus Neuengland, schrieb 1833 einen Essay mit dem Titel «An Indian's Looking-Glass for the White Man». Er

47

begann mit dem Hinweis, dass die Zahl weißer Menschen weltweit von «farbigen Menschen» gewaltig übertroffen werde: «Versammeln Sie in Ihrer Fantasie alle bestehenden Nationen, lassen Sie dabei die Weißen unter all den anderen sitzen, und dann lassen Sie uns nach den Weißen Ausschau halten, und ich zweifle nicht daran, dass es schwierig wäre, sie zu finden: Für all die anderen Nationen sind sie immer noch nur eine Handvoll Leute», schrieb Apess. Und dann schlug er ein Gedankenexperiment vor. «Jetzt wollen wir einmal annehmen, dass all diese Hautfarben zusammengenommen werden, und auf jeder von ihnen würden die Verbrechen der Nation festgehalten – auf welcher Haut wären Ihrer Meinung nach wohl die schlimmsten zu lesen? Ich werde noch eine weitere Frage stellen: Kann man den Indianern vorwerfen, dass sie einer Nation fast ihren gesamten Kontinent weggenommen, ihre Frauen und Kinder ermordet und den Überlebenden dann ihre gesetzlichen Rechte verweigert haben, die ihnen nach dem Natur- und göttlichen Recht zustehen?» Angesichts der Versklavung der Afrikaner fragte er außerdem, welche Nation sonst noch sich der Entführung von Menschen einer anderen Nation schuldig gemacht habe, «um ihren Boden zu bebauen und dabei die eigene Lebenszeit unter der Peitsche und mit Hunger und Erschöpfung zuzubringen». Doch bei aller Wut, mit der Apess seine Anklage vorbrachte, beendete er seinen Essay dennoch mit einem patriotischen Appell für die Vereinigten Staaten und bat darum, dass «die Schutzhülle des Vorurteils ... von jedem amerikanischen Herzen

48

abgezogen» werden möge, «dann wird Friede die Union erfüllen».

Apess ist ein gutes Beispiel für die Beobachtung, die der Politikhistoriker Michael Kazin gemacht hat, dass es nämlich nahezu unmöglich sei, «irgendeinen amerikanischen Radikalen oder Reformer zu benennen, der das nationale Glaubenssystem ablehnte und dennoch großen Einfluss auf die US-Politik und das politische Denken hatte». Patriotismus, betonte Kazin, war für die Linke unentbehrlich, von Elizabeth Cady Stanton über Eugene Debs bis zu Martin Luther King jr.: «Amerikaner, die die Welt verändern wollen, müssen lernen, wie man die Nation überzeugt.»

Apess schrieb «An Indian's Looking Glass for the White Man» genau zu dem Zeitpunkt, als Bancroft mit der Niederschrift seiner *History of the United States* begann, während Andrew Jacksons Kampagne des «Indian Removal». In Jacksons Amtszeit zwang die US-Bundesregierung indigene Völker, die östlich des Mississippi lebten, unter anderem die Choctaw, Creek, Seminolen und Chickasaw, zur Umsiedlung in Gebiete im Westen, es war eine Politik, die bei der Zwangsumsiedlung der Cherokee, die später als Trail of Tears in die Geschichte einging, mit allergrößter Härte betrieben wurde. Bancrofts *History* sagte man nach, dass sie auf jeder Seite des Buches «für Jackson stimmte». Beide Männer teilten die Auffassung, dass es den indigenen Völkern Nord- wie Südamerikas bestimmt sei, ihr Land den Völkern Europas zu überlassen. Indigene Völker bekämpften Jacksons Politik mit Waffen, und sie bekämpften

49

sie außerdem durch die Bekräftigung des eigenen Status als Nation.

Die Cherokee, die beim Abschluss von Verträgen mit den Vereinigten Staaten 1785, 1791 und 1817 als Nation aufgetreten waren, verabschiedeten ihre eigene Verfassung, in der das Volk der Cherokee als «politisches Gemeinwesen unter der Bezeichnung Cherokee Nation» beschrieben wurde. Sie sprachen dem Bundesstaat Georgia die rechtliche Zuständigkeit ab und brachten ihren Kampf um Anerkennung vor eine Institution der nationalen Regierung, den U.S. Supreme Court, der indigene Völker zu «einheimischen abhängigen Nationen» («domestic dependent nations») erklärte. Dieser Status leitete sich aus der langjährigen Anerkennung indigener Völker als «Nationen» ab, souveräne Völker, die zum Abschluss von Verträgen mit anderen Nationen imstande waren. Der Supreme Court entschied: «Der Begriff ‹Nation› bedeutet, in so allgemeiner Form auf sie angewendet, ‹ein Volk, das sich von anderen unterscheidet›.»

In den seitdem vergangenen Jahrhunderten hat die US-Regierung knapp 600 indigene Nationen anerkannt. Einige indigene Nationen haben sich auch um eine Anerkennung durch internationale Institutionen bemüht. Levi General, bekannt unter dem Namen Deskaheh, reiste 1923 mit einem Irokesen-Pass durch Europa, in der Hoffnung, eine Rede vor dem Völkerbund halten zu können. Der Mohawk-Eisenarbeiter Paul Diabo reiste in den 1920er Jahren von Kanada aus ohne amerikanischen Pass in die Vereinigten Staaten ein und berief sich später vor Gericht auf sein Recht auf Reisefreiheit nach den Bestimmungen des Jay-Vertrags von 1794. In den 1970er Jahren begannen die indigenen Völker Kanadas mit der Praxis, sich selbst als «First Nations» zu bezeichnen, und in den Vereinigten Staaten forderten sowohl das American Indian Movement als auch der National Congress of American Indians Souveränität durch die Zuerkennung des Status einer Nation. Das Lacrosse-Team der Irokesen-Nation versuchte 2010 mit Irokesen-Pässen zur Weltmeisterschaftsendrunde nach Großbritannien einzureisen. Und 2016 protestierten die Standing Rock Sioux und Tausende weitere Angehörige indigener Völker aus den Reihen der historischen Great Sioux Nation und darüber hinaus gemeinsam mit ihren Verbündeten gegen die Dakota-Access-Pipeline. Diese Auseinandersetzung brachten sie vor US-Bundesgerichte und vor den Menschenrechtsrat der Vereinten Nationen.

Probleme wie der Kampf um den Status einer Nation für indigene Volksgruppen machen die amerikanische Nation auf eine sehr ähnliche Art aus, wie es die Debatten über die Auslegung der Verfassung tun. Sie fordern die Nation dazu auf, ihren Idealen gerecht zu werden. Das gilt auch für die jahrhundertelangen Auseinandersetzungen um die Sklavenbefreiung und die Bürgerrechte. David Walker, ein freier schwarzer Mann, veröffentlichte 1829 *An Appeal to the Coloured Citizens of the World, but in Particular, and Very Expressly, to those of the United States of America.* Walker bezeichnete die Sklaverei als «Fluch der Nationen», zitierte aus der Unabhängigkeitserklärung, verlangte von den Vereinigten Staaten die Abschaffung der Sklaverei und die Anerkennung ihrer Verpflichtungen gegenüber Menschen aller Hautfarben und forderte «das amerikanische Volk selbst» auf, ihm einen wirklich gleichberechtigten farbigen Menschen zu zeigen. «Ich will gar keinen farbigen Präsidenten, Gouverneur, Abgeordneten, Senator, Bürgermeister oder Rechtsanwalt bei Gericht sehen. – Aber zeigt mir einen farbigen Mann, der den niedrigen Rang eines Wachtmeisters innehat, einen, der auf der Geschworenenbank sitzt, sogar wenn ein Fall eines seiner unglücklichen Brüder verhandelt wird, irgendwo in dieser großen Republik!!» Und dennoch beendete Walker, wie Apess, seine Anklage nicht mit einer Verdammung, sondern mit einem Appell für ein besseres Amerika, für einen neuen Amerikanismus. «Dann behandelt uns wie Männer», sagte er. «Und ich zweifle nicht daran, dass die gesamte Vergangenheit vergessen sein wird und wir doch noch, unter Gott, zu einem vereinten und glücklichen Volk werden.»

Nationen stellte man sich im Lauf der Geschichte als Bruderschaften vor – *dann behandelt uns wie Männer*. Wenn die Nation eine Familie war, hatten nur Väter und Söhne Bürgerrecht. Frauen und Mädchen (als zukünftige Frauen) waren «die Mütter von Nationen», in Ehren gehalten für die Reproduktion der Nation durch das Austragen von Söhnen. Aber im Jahr 1831 erweiterte Maria W. Stewart, eine freie schwarze Frau in Boston, Walkers Argument: *Dann behandelt uns wie Männer – und Frauen.* «Wie lange

52

werden die schönen Töchter Afrikas gezwungen sein, ihre Gedanken und Begabungen unter einer Last von eisernen Töpfen und Kesseln zu begraben?», fragte sie. «Ich bin eine echte, geborene Amerikanerin», sagte sie ihrem Publikum bei einem öffentlichen Vortrag. «*Ihr* Blut fließt in meinen Adern, und *Ihr* Geist beflügelt mein Denken.» Auch weiße Frauen verlangten jetzt ihre Rechte als Bürgerinnen. Bei der ersten «Women's Rights Convention» 1848 in Seneca Falls im Staat New York verfasste Elizabeth Cady Stanton eine «Declaration of Sentiments», einen patriotischen Appell, der sich auf die Unabhängigkeitserklärung bezog: «Angesichts dieser völligen Aberkennung bürgerlicher Rechte einer Hälfte des Volkes dieses Landes», schrieb sie, «verlangen wir nun, dass [die Frauen] sofortigen Zugang zu allen Rechten und Vorrechten haben sollen, welche ihnen als Bürgerinnen der Vereinigten Staaten zustehen.»

Die Vereinigten Staaten sollten sehr lange brauchen, um auf diese Anklagen zu reagieren und diese Forderungen zu erfüllen. Eine vollständige Reaktion und Erfüllung steht bis heute aus. Aber ihre Verpflichtung auf die Rede-, Presse- und Versammlungsfreiheit – ihre Verpflichtung auf einen Liberalismus, der auf Rechten beruht – ermöglichte diese und andere politische Forderungen. «Der große Ruhm der amerikanischen Demokratie ist das Recht, für Recht zu protestieren», sagte Martin Luther King jr. einmal.

Die Nation irrt sich oft. Aber solange Protest möglich ist, kann das immer korrigiert werden.

VII

NATIONEN UND FORTSCHRITT

«Wir tragen die Bundeslade mit den Freiheiten der Welt», schrieb Herman Melville 1850 und beschwor damit einen amerikanischen Nationalismus herauf, der von einer Generation an die nächste weitergegeben wurde, als Ausdruck von Ambitionen für die Selbstverwaltung und als Manifest für den Imperialismus. Melvilles Nationalismus war das Produkt einer Ära, die vom Nativismus geprägt war. In den 1840er Jahren wandten sich Amerikaner gegen einen neuerlichen Zustrom von Einwanderern, hauptsächlich irische und deutsche Katholiken, und gründeten eine neue Partei, die Native American Party, die auch als American Party oder als Know-Nothings bekannt wurde. «Das große Ziel der American Party ist das Prinzip der Nationalität», sagten sie.

Dieses Prinzip wurde auch benutzt, um Krieg gegen indigene Völker im Westen und, 1846, gegen Mexiko zu rechtfertigen. «Bei der jüngsten Eroberung Mexikos herrschte bei uns kein Mangel an sentimentalem Nationalismus», schrieb ein Beobachter. Aber der amerikanische Nationalismus schlug auch den anderen Weg ein. Es gab zahlreiche Proteste gegen die Zwangsumsiedlung der Indianer, die

Sklaverei und den Krieg mit Mexiko, und die Kritiker verwiesen darauf, dass diese Dinge einen Bruch mit den amerikanischen Idealen bedeuteten. «Im Ausland hält man uns für eine Nation von Betrügern und Menschenräubern!», klagte 1846 der unitarische Geistliche Theodore Parker. «Ach, die Nation hat ihre eigene große Idee verraten – dass alle Menschen gleich geschaffen sind, jeder mit den gleichen unveräußerlichen Rechten.» Abraham Lincoln wies die Botschaft von Präsident James Polk zurück und verurteilte Polks Aufruf zum Krieg gegen Mexiko im Namen der «nationalen Ehre» als «das halb irrsinnige Gestammel eines Fiebertraums». Und Henry David Thoreau, der lieber ins Gefängnis ging, als Steuern zu zahlen, mit denen auch der Krieg finanziert wurde, sagte: «Ja, ich erkläre dem Staat den Krieg, ruhig, wie es meine Art ist.»

Frederick Douglass, der ebenfalls gegen den Krieg mit Mexiko protestiert hatte, erklärte dem Staat seinen eigenen Krieg. Als zu einer Feier am Unabhängigkeitstag 1852 geladener Festredner sagte er seinem weißen Publikum: «Dieser 4. Juli ist Ihr Tag, nicht meiner. Sie dürfen sich freuen, ich muss trauern. … Mitbürger, über Ihre nationale, ausgelassene Freude hinweg höre ich die düstere Klage von Millionen!» Auf diese Klage gründete Douglass seine eigene politische Forderung. «Es gibt nicht einen Menschen unter dem Himmelszelt, der nicht weiß, dass die Sklaverei seiner eigenen Ansicht nach falsch ist», sagte er und rief zu einer Neugründung der Nation auf, die auf der in Trümmern liegenden Heuchelei der Vergangenheit erfolgen sollte. Und dennoch, selbst in seiner Verzweiflung und bei seiner gegen das patriotische Spektakel des 4. Juli gerichteten Anklage bekannte sich Douglass auch zu seiner Liebe zum Land und fand Hoffnung in und «Ermutigung durch die Unabhängigkeitserklärung, die großartigen Prinzipien, die sie enthält, und den Geist der amerikanischen Institutionen», deren Verpflichtungen zu ehren er seine amerikanischen Landsleute aufforderte.

Das Plädoyer für die Nation im 21. Jahrhundert beruht ebenso sehr auf den Schriften all dieser Amerikaner und Amerikanerinnen wie es auch auf der Überzeugungskraft und Eloquenz der Schöpfer der Verfassung beruht. Ihre Argumente zur Nation entwickelten sich im Zusammenhang mit dem und forcierten zugleich ein sich herausbildendes Gedankengut zum Thema Menschenrechte: Die Macht des Staates garantierte all denjenigen, denen die Staatsbürgerschaft zustand, denselben Bestand an politischen Rechten, gleichberechtigt und unwiderruflich, ohne Ansehen von Hautfarbe, Religion oder Nationalität bei der Geburt. Charles Sumner, der Abolitionist und spätere Senator von Massachusetts, berief sich 1849 auf dieses Gedankengut, als er die Verfassung seines Heimatstaates beschrieb: «Hier ist die Magna Charta eines jeden Menschen, der auf diesem Boden lebt und atmet, wie auch immer seine Lebensumstände aussehen und wer immer seine Eltern sein mögen. Er mag arm, schwach, von einfacher Herkunft oder schwarz sein, er mag der kaukasischen, jüdischen, indianischen oder äthiopischen Rasse angehören, er mag französischer, deutscher, englischer oder irischer Herkunft sein; aber vor der Verfassung von Massachusetts verschwinden all diese Unterschiede. ... Er ist ein Mensch, gleichberechtigt mit all seinen Mitmenschen. Er ist eines der Kinder des Staates, der, wie ein unparteiischer Elternteil, all seine Nachkommen mit gleicher Fürsorge betrachtet.»

Aber die Charta der Freiheit war bedeutungslos in Staaten, die die Sklaverei guthießen, wie Kritiker innerhalb und außerhalb der Vereinigten Staaten schon seit langem moniert hatten. Die Sklaverei behinderte den Fortschritt, den der Status einer Nation verhieß. Lincoln trug dieses Argument 1854 vor einem Publikum in Peoria, Illinois, klar und deutlich vor:

«Landsleute – ... die liberale Partei in aller Welt äußert die Befürchtung, ‹dass die eine rückschrittliche Institution in Amerika die Grundsätze des Fortschritts untergräbt und auf verhängnisvolle Art dem vortrefflichsten politischen System, das die Welt je sah, zuwiderhandelt›. Das ist kein Hohn von Feinden, sondern eine Warnung von Freunden. Ist es ganz unbedenklich, sie nicht zu beachten – zu verschmähen? Besteht keine Gefahr für die Freiheit selbst, wenn die früheste Praxis und der erste Grundsatz unseres althergebrachten Glaubens aufgegeben werden? Lasst uns bei unserer gierigen Jagd nach Gewinn, der aus dem Neger zu ziehen ist, auf der Hut sein, damit wir nicht auch noch die Freiheitscharta des weißen Mannes ‹aufheben und in Stücke reißen›.»

Lincoln beschwor sein Publikum, die Sklaverei um der Nation willen zu beseitigen. «Wenn wir dies tun, werden wir nicht nur die Union gerettet, sondern sie so erhalten haben, dass sie es immerdar wert sein wird, erhalten zu werden. Wir werden sie so gesichert haben, dass die nachfolgenden Millionen von freien, glücklichen Menschen der Welt aufstehen und uns als gesegnet bezeichnen werden bis zur letzten Generation.»

Wenn der liberale Fortschritt, der Fortschritt der Freiheit, sich nur durch die Bildung von Nationen entwickelt, die als Einzige diese Freiheit garantieren können, dann bedeutete die Auflösung der Union einen Schritt zurück. «Die gegenwärtige Zeit wird man einmal als die nationale Zeit bezeichnen», schrieb der aus Preußen stammende amerikanische politische Philosoph Franz Lieber in einem einflussreichen Essay mit dem Titel «Nationalism: A Fragment of Political Science», in dem er die Beziehung zwischen Nation und Fortschritt erläuterte. «Keine Zusammenschlüsse von Menschen, die kleiner sind als Nationen, sind den hohen Anforderungen der modernen Zivilisation gewachsen», schrieb Lieber aus New York. «Ohne einen Nationalcharakter können Staaten die Langlebigkeit und Kontinuität der politischen Gesellschaft nicht erlangen, die für unseren Fortschritt notwendig sind.»

Aber «Nationalism: A Fragment of Political Science» erschien 1860, unmittelbar vor dem Bürgerkrieg. Im darauffolgenden Jahr wurde die amerikanische Charta in Stücke gerissen.

VIII

ZWEIERLEI NATIONALISMEN

Der Amerikanische Bürgerkrieg war ein Kampf zwischen zwei Nationalismen. In den Vereinigten Staaten der Vorkriegszeit verwiesen die Nordstaatler und dort ganz besonders die Abolitionisten auf einen Gegensatz zwischen (nördlichem) Nationalismus und (südlichem) Partikularismus. «Wir müssen einen *nationalen,* keinen *partikularistischen* Patriotismus entwickeln», betonte 1850 ein Kongressabgeordneter aus Michigan. Doch auch die Südstaatler waren Nationalisten. Es war nur so, dass ihr damaliger Nationalismus von der Art war, die man heute als illiberal oder ethnisch geprägt bezeichnen würde, im Gegensatz zu einem anderen, liberalen oder bürgerschaftlichen Nationalismus.

Menschen, die das Wort «Nationalismus» den blutigen Händen von Tyrannen entwinden wollten, versuchten etwa seit Mitte des 20. Jahrhunderts, zwischen «gutem Nationalismus» und «schlechtem Nationalismus» zu unterscheiden. Unter gutem Nationalismus verstehen sie üblicherweise einen liberalen oder bürgerschaftlich geprägten Nationalismus, einen Anhang zu einem Gesamtbestand bürgerschaftlicher Ideale. Als schlechten Nationalismus bezeichnen sie in der Regel einen illiberalen oder ethnisch geprägten Nationalismus, Nativismus, Rassismus und einen Rückgriff auf Aggression. Amerikanischer Nationalismus wird oft als das eine oder das andere dargestellt, aber in Wirklichkeit traten fast immer beide Formen zugleich auf.

«Unser Regierungssystem ist das des weißen Mannes», erklärte 1848 John C. Calhoun aus South Carolina und wandte sich damit gegen die Verleihung der Staatsbürgerschaft an Menschen aus Mexiko, Menschen, die seiner Ansicht nach keine Weißen waren. «Ich protestiere gegen die Eingliederung eines solchen Volkes», sagte Calhoun. Sein Nationalismus beruhte auf rassischer Zugehörigkeit: Die Vereinigten Staaten sollten eine weiße Nation sein. Diese Ansicht war nicht auf den Süden beschränkt. Der Staat Oregon verabschiedete 1857 einen Text, der einer Verfassung nur für Weiße nahekam: «Kein Neger, Chinese oder Mulatte soll das Wahlrecht haben», hieß es darin.

Im gleichen Jahr entschied das Oberste Bundesgericht mit dem Urteil in Sachen *Dred Scott v. Sandford,* dass keine Person afrikanischer Herkunft jemals Bürger der Vereinigten Staaten werden könne, und begründete das damit, dass die Schöpfer der Verfassung Afrikaner als «Wesen von niedrigerem Rang» betrachtet hätten, «insgesamt ungeeignet für die Verbindung mit der weißen Rasse in gesellschaftlichen oder politischen Beziehungen und so viel tiefer stehend, dass sie keine Rechte hätten, zu deren Respektierung der weiße Mann verpflichtet wäre». (Das Gericht entschied im *Dred-Scott*-Urteil außerdem, dass indigene

Amerikaner nicht auf gleiche Art dauerhaft von der Staatsbürgerschaft der Vereinigten Staaten ausgeschlossen seien; vielmehr kämen sie ohne Einschränkung für eine Einbürgerung infrage, wie Menschen aus jeder anderen ausländischen Nation.)

Ein amerikanischer Nationalismus, der aus diesen illiberalen Traditionen hervorging, besteht bis heute fort, eine Geißel für das Land und die Welt. Aber auch ein liberaler Nationalismus überstand den hitzigen Widerstreit der Argumente und schließlich auch den Krieg.

«Dieses Regierungssystem wurde von unseren Vätern auf einer weißen Grundlage errichtet», sagte der Senator von Illinois und ehemalige Richter Stephen Douglas 1858. «Es wurde von weißen Männern zum ewigen Nutzen weißer Männer und ihrer Nachkommenschaft errichtet.» Die Antwort auf dieses Argument fiel Abraham Lincoln zu, der Douglas' Geschichte als Fiktion bloßstellte: «Ich glaube, sämtliche historische Dokumente der Welt, ab dem Tag der Unabhängigkeitserklärung bis zu einem Zeitpunkt vor drei Jahren, würden vergeblich auf eine einzige Bestätigung – von der Hand auch nur eines einzigen Mannes – dafür überprüft werden, dass der Neger in der Unabhängigkeitserklärung nicht gemeint war; ich glaube, ich darf Richter Douglas herausfordern zu zeigen, dass er das jemals gesagt hat, dass Washington das jemals gesagt hat, dass irgendein Präsident das jemals gesagt hat, dass irgendein Kongressabgeordneter das jemals gesagt oder dass irgendein auf Erden lebender Mensch das jemals gesagt hat, bis die Erfordernisse und Zwänge der gegenwärtigen Politik der Demokratischen Partei in Bezug auf die Sklaverei diese Behauptung hervorbringen mussten.»

Das spielt keine Rolle, antworteten die Gründer der Konföderation: Wir werden eine neue Verfassung schreiben. Alexander Stephens, der frisch gewählte Vizepräsident der Konföderation, hielt 1861 in Savannah eine Rede, in der er erklärte, dass das der Verfassung zugrundeliegende Gedankengut «auf der Annahme der Gleichheit der Rassen beruhte» – womit er Lincolns Argument bestätigte –, aber: «Unser neues Regierungssystem gründet sich auf den exakt gegenteiligen Gedanken: Seine Grundlagen sind, sein Eckstein ruht auf der großen Wahrheit, dass der Neger dem weißen Mann nicht gleich ist; dass die Sklaverei, die Unterordnung unter die überlegene Rasse, sein natürlicher und moralischer Zustand ist. Dieses unser neues Regierungssystem ist das erste in der Geschichte der Welt, das auf dieser großen physischen, philosophischen und moralischen Wahrheit beruht.»

Indigene Völker lehnten diese beiden Spielarten des Nationalismus ab. Sie verbündeten sich während des Krieges mit beiden Seiten, und für viele Menschen war der Amerikanische Bürgerkrieg in erster Linie eine Fortsetzung früherer Kriege. Die Armee der Union tötete im Verlauf des Krieges eine große Zahl von Indianern, unter anderem am Sand Creek und Bear River, beim Großen Marsch (Long Walk) der Navajo und bei den Repressalien, mit denen sie auf den Aufstand der Sioux reagierte. Diejenigen Indianer, die sich auf die Seite der Konföderation schlugen, taten dies nicht aus Loyalität gegenüber den Südstaaten, sondern aus Unzufriedenheit mit der Bundesregierung, die einen Plan zur Beschlagnahme und Öffnung von Land westlich des Mississippi, des sogenannten Indian Territory, für weiße Siedler bekanntgemacht hatte. Die Konföderation bemühte sich um und schloss Bündnisse mit den Komantschen, Chickasaw, Choctaw, Seminolen und Creek, die sich damit effektiv, gemeinsam mit den Staaten der Konföderation, von der Union lossagten.

Lincoln nutzte die Macht seiner Stimme, um, an die Union und an die Konföderation gerichtet, ein Plädoyer für die Nation vorzutragen. In Gettysburg bat er 1863 inständig darum, dass «diese Nation unter Gottes Fügung zu neuer Freiheit geboren werde und dass die Herrschaft des Volkes durch das Volk und für das Volk nicht von dieser Erde verschwinde». Er sollte für diese Vorstellung von der Nation und von Staatsbürgerschaft sterben. Am 11.April 1865, zwei Tage nach Lees Kapitulation vor Grant, erlebte John Wilkes Booth eine Rede Lincolns zu den Bedingungen mit, die mit dem Sieg der Union verbunden waren. «Das bedeutet Nigger-Bürgerrecht», schäumte Booth. Am 14.April erschoss er Lincoln in Ford's Theatre in Washington. Die Nation versank in Trauer. Unter den Tausenden von Herzen kommenden Würdigungen und Gebeten war eine Ansprache, die bei einer Versammlung des Mexican Patriotic Club am 23. April in Virginia City, Nevada, vor Amerikanern mexikanischer Herkunft gehalten wurde, die an Lincolns Ablehnung des Krieges mit Mexiko erinnerten. «Mejicanos!», rief Rafael Gonzalez. «Llorémos la pérdida de este virtuoso ciudadano, mártir de la libertad de América: Sí llorémosle, porque ha sido víctima de un asesinato. Mas sus doctrinas que entraño en el Corazon de los pueblos no desaparecerán jamás, y su nombre sera eternizado en la historia.» («Mexikaner! Lasst uns den Verlust dieses tugendhaften Bürgers und Märtyrers für die Freiheit Amerikas beweinen: Lasst uns weinen, weil er einer Mordtat zum Opfer gefallen ist. Seine Lehren, die fest in den Herzen der Menschen verankert sind, werden niemals verschwinden, und sein Name wird für alle Zeiten in der Geschichte fortleben.»)

Lincoln wurde nicht vergessen. Dasselbe gilt für den Kampf zwischen der Macht der Bundesregierung und den Rechten der Einzelstaaten. «Sind wir eine Nation?», fragte Charles Sumner 1867 und verurteilte die Rechte der Staaten als «entnationalisierend» («denationalizing»). Damit war die Frage natürlich nicht gelöst. Und nach dem Krieg sollte der Kampf zwischen den zwei Nationalismen der Amerikaner wieder aufgenommen werden, in neuen Auseinandersetzungen um Staatsbürgerschaft und Souveränität und (Bürger-)Rechte und um die Einwanderung.

IX

EINE NEUE NATION

Die Idee der amerikanischen Nation war während des Bürgerkriegs im Kampf mit Blut befleckt, von ihren Kritikern scharf getadelt und von Lincoln hochgehalten worden. Nach dem Krieg sorgten der 14. und 15. Zusatzartikel zur Verfassung für eine Neugründung der Vereinigten Staaten auf der Grundlage von Bestimmungen, die liberalen Vorstellungen von den Rechten von Bürgern und den Machtbefugnissen von Nationalstaaten entsprangen.

Der 14. Zusatzartikel, 1868 in Kraft getreten, führte das mit dem Geburtsort verbundene Bürgerrecht ein: «Alle Personen, die in den Vereinigten Staaten geboren oder eingebürgert sind und ihrer Gesetzeshoheit unterstehen, sind Bürger der Vereinigten Staaten und des Einzelstaates, in dem sie ihren Wohnsitz haben.» Er garantierte den Staatsbürgern gleiche Rechte: «Keiner der Einzelstaaten darf Gesetze erlassen oder durchführen, die die Vorrechte oder Freiheiten von Bürgern der Vereinigten Staaten beschränken.» Und er bot auch Menschen, die nicht Bürger der Vereinigten Staaten waren, Schutzrechte: «Kein Staat darf irgendjemandem ohne ordentliches Gerichtsverfahren nach Recht und Gesetz Leben, Freiheit oder Eigentum nehmen oder irgendjemandem innerhalb seines Hoheitsbereiches den gleichen Schutz durch das Gesetz versagen.»

Der 1870 in Kraft getretene 15. Zusatzartikel sollte verhindern, dass irgendein Staat seinen Bürgern das Wahlrecht entzieht: «Das Wahlrecht der Bürger der Vereinigten Staaten darf von den Vereinigten Staaten oder einem Einzelstaat nicht aufgrund der Rassenzugehörigkeit, der Hautfarbe oder des vormaligen Dienstverhältnisses versagt oder beschränkt werden.»

Während der sich in den 1840er Jahren entwickelnden Debatte über die Annexion der von Mexiko erworbenen Gebiete kam es bei den Diskussionen über die Formulierung und Ratifizierung dieser Zusatzartikel auch zu einem Versuch, Fragen zur Einwanderung, Gleichberechtigung und Staatsbürgerschaft zu klären. Diese Fragen betrafen nicht nur Menschen afrikanischer, sondern auch Menschen asiatischer Herkunft. Ab den 1850er Jahren kamen chinesische Männer, die meisten von ihnen aus der südchinesischen Provinz Guangdong, in großer Zahl ins Land, hauptsächlich über San Francisco, und verteilten sich im ganzen Westen des Landes, wo sie vor allem als Bergleute oder bei Eisenbahnunternehmen arbeiteten. «Amerikaner sind sehr reiche Leute», war in Anzeigen zur Anwerbung von Arbeitsmigranten zu lesen, die zu großen Teilen über *gam saan jong* erfolgte, «Goldberg»-Unternehmen. «Sie wollen, dass der Chinese ins Land kommt.» In den Vereinigten Staaten fanden diese Menschen Arbeit, aber nur wenig mehr. Neun von zehn Männern, die die Pacific Central Railroad bauten,

68

waren Chinesen, aber als 5000 von ihnen 1867 in den Streik traten und forderten: «Eight hours a day good for white men, all the same good for Chinamen» («Acht Stunden pro Tag gut für weiße Männer, ebenso gut für Chinesen»), wurden sie ausgehungert, bis sie den Protest aufgaben.

Ein 1868 zwischen China und den Vereinigten Staaten geschlossener Vertrag sah zwar vor, dass chinesische Einwanderer wie Bürger des Aufnahmelandes behandelt werden sollten, gewährte ihnen aber keinen wirksamen Schutz. Nach den Bestimmungen der im 14. Zusatzartikel festgelegten Staatsbürgerschaft kraft Geburt waren alle in den Vereinigten Staaten geborenen Kinder chinesischer Einwanderer durch Geburtsrecht, ein Recht, das mit der liberalen Auslegung der Staatsbürgerschaft übereinstimmte, Bürger der Vereinigten Staaten. Lyman Trumbull, ein Senator aus Illinois, betonte: «Das Kind eines Asiaten ist ebenso sehr ein Staatsbürger wie das Kind eines Europäers.» Aber Trumbull, der bei der Formulierung des 13. Zusatzartikels mitgewirkt hatte, mit dem die Sklaverei abgeschafft wurde, gehörte zu einer sehr kleinen Zahl von Männern im Kongress, die sich wohlwollend über chinesische Einwanderer äußerten. Er bezeichnete sie als «Bürger aus jenem Land, das jedes andere Land der Erde in den Künsten und Wissenschaften auf vielerlei Art übertrifft und unter dessen Bevölkerung die gebildetsten und herausragendsten Gelehrten der Welt zu finden sind.» William Higby, ein Kongressabgeordneter der Republikaner aus Kalifornien und ehemaliger Bergmann, vertrat dagegen eine in breiteren Bevölke-

69

rungskreisen anzutreffende Sichtweise: «Die Chinesen sind nichts anderes als eine heidnische Rasse. Man kann aus ihnen keine guten Bürger machen.»

Der im Frühjahr 1869 verabschiedete 15. Zusatzartikel zielte darauf ab, Afroamerikanern das Wahlrecht und das Recht, ein öffentliches Amt auszuüben, zu garantieren, aber sein Wortlaut brachte erneut die Frage der Staatsbürgerschaft und des Wahlrechts für Chinesen auf. Gegner des Zusatzartikels empfanden die gesamte Prämisse, auf der er beruhte, als empörend. Garrett Davis, ein demokratischer Senator aus Kentucky, betonte: «Ich will keine Neger-Regierung; ich will keine mongolische Regierung; ich will die Regierung des weißen Mannes, die unsere Vorväter gründeten.» Jacob Howard aus Michigan suchte die Verabschiedung des 15. Zusatzartikels durch den Vorschlag sicherzustellen, chinesische Männer auszuschließen, indem man den Zusatzartikel nur für «Bürger der Vereinigten Staaten mit afrikanischer Herkunft» gelten lasse. Howard scheint nach der Annahme gehandelt zu haben, dass der Ausschluss der Chinesen die Chancen für eine Annahme und Ratifizierung des Zusatzartikels verbessern würde. Aber die im Kongress vorherrschende Begeisterung über die Einwanderung machte seinen Vorschlag zunichte. George F. Edmunds aus Vermont bezeichnete Howards Revision des Zusatzartikels als einen Skandal und wies darauf hin, dass schwarze Männer so das Wahlrecht erhalten würden, während «der Einwohner jedes anderen Landes unter der Sonne» ausgeschlossen bliebe.

Die wichtigste Rede jenes Zeitalters war der Vortrag mit der umfassendsten Auslegung des liberalen Nationalismus: Frederick Douglass' Ausführungen über die «Composite Nation». Douglass trug diese Rede 1869 vor Publikum im ganzen Land vor und feierte darin den 14. und 15. Zusatzartikel mit einem bis dahin noch nicht sehr weit verbreiteten Begriff als notwendig für «Menschenrechte». Er begann seinen Vortrag mit Bemerkungen, «über die Frage, ob es uns nützt oder schadet, aus verschiedenen Menschenrassen zusammengesetzt zu sein». Wenn Nationen, die unentbehrlich für den Fortschritt sind, aus einer Gleichartigkeit heraus entstehen, wie stand es dann um Nationen wie die Vereinigten Staaten, die sich aus Unterschieden entwickeln? Douglass machte den Ursprung des Streits über die amerikanische nationale Identität nicht in den Dokumenten aus der Zeit der Staatsgründung, sondern in den Menschen selbst aus. «Das wahre Problem bei uns waren niemals unser System oder unsere Form der Regierung oder die Grundsätze, auf denen beides beruht, sondern die ganz besondere Zusammensetzung unserer Bevölkerung», sagte er. Die Amerikaner seien «das weltweit auffälligste Beispiel einer zusammengesetzten Nationalität». Und das sei nicht die Schwäche der Nation, sondern ihre Stärke.

Aus indigenen Amerikanern, Afrikanern und Europäern und jeder nur denkbaren Mischung zusammengesetzt, stünden die Menschen in den Vereinigten Staaten jetzt vor der Frage der Einwanderung aus Asien, sagte Douglass.

71

«Wenn Sie fragen, ob ich eine Einwanderung dieser Art befürworte, dann bejahe ich das. Würden Sie diese Menschen einbürgern und ihnen alle mit der amerikanischen Staatsbürgerschaft verbundenen Rechte zugestehen? Ich würde das tun. Würden Sie ihnen das Wahlrecht geben? Das würde ich. Würden Sie ihnen erlauben, Ämter auszuüben? Das würde ich.» Warum? Weil es «auf der Welt solche Dinge gibt wie Menschenrechte», antwortete er, und «wenn es einen mutmaßlichen Konflikt zwischen Menschenrechten und nationalen Rechten gibt, ist man auf der sicheren Seite, wenn man sich an die Menschlichkeit hält.»

Niemand sonst in seiner Generation fand klarere Worte zu dieser Frage. An die künftigen Generationen gerichtet, fuhr Douglass fort: «Ich will hier eine Heimat nicht nur für den Neger, den Mulatten und die lateinischen Rassen haben, sondern ich will, dass auch der Asiate hier in den Vereinigten Staaten eine Heimat findet und sich hier zu Hause fühlt, zu seinem eigenen und zu unserem Nutzen. Recht schadet keinem Menschen.»

Nach Douglass' Auffassung konnte der größte Fortschritt nur in einer ganz besonderen Art von Nation verwirklicht werden, in der zusammengesetzten Nation – die Asyl, Zuflucht und Freistatt ist –, einer Heimat für «alle, die Schutz suchen, ob sie nun aus Asien, Afrika oder von den Inseln des Meeres kommen», einer Nation bürgerschaftlicher Ideale, in der «alle hier sich demselben Recht unterordnen, dieselbe Sprache sprechen, dieselbe Regierung unterstützen, dieselbe Freiheit genießen, von derselben nationalen Begeisterung erfüllt sind und dieselben nationalen Ziele verfolgen».

Sklavenbefreiung und Reconstruction (Wiederherstellung der staatlichen Einheit), sollte W. E. B. Du Bois später schreiben, waren «die größte Leistung zur Verwirklichung der Demokratie, ... die diese Welt je gesehen hat». Diese Leistung wurde nach dem Ende der Reconstruction von weißen Nordstaatlern und weißen Südstaatlern verraten, die das Land wieder zusammenflickten, indem sie eine Legende erfanden, nach der der Krieg keineswegs wegen der Sklaverei geführt worden war; vielmehr sei es ein Konflikt zwischen der Nation und den Einzelstaaten gewesen. «Wir sind unter die Führerschaft von Leuten geraten, die bei der Wahrheit über die Vergangenheit gerne Kompromisse schlossen, um Frieden in der Gegenwart zu erlangen», schrieb Du Bois verbittert.

Du Bois' Abrechnung mit der amerikanischen Geschichte wurde sehr lange ignoriert. Und Frederick Douglass' Amerikanismus setzte sich in seiner eigenen Lebenszeit nicht durch. Aber beider Gedanken sind immer noch da, Traditionen, die darauf warten, geltend gemacht zu werden bei Problemen, die auf ihre Lösung warten.

X

RASSE UND NATION

«Nationen sind in der Geschichte etwas ziemlich Neues», stellte der französische Religionswissenschaftler und Orientalist Ernest Renan 1882 in seinem vielgelesenen Essay «Was ist eine Nation?» fest. «Die Nationen sind nichts Ewiges. Sie haben einmal angefangen, sie werden enden.» Unterdessen «ist die Existenz der Nationen gut, sogar notwendig», und deshalb waren sie ihm einige Fragen wert: Was sind sie denn? Auf welcher Grundlage werden sie gebildet? Was hält sie zusammen? Keine Einheit von Religion oder Sprache und ganz gewiss nicht die Pseudowissenschaft der Rassenlehre; wenn dem so wäre, schrieb Renan, würde Folgendes gelten: «Die Grenzen des Staates würden den Fluktuationen der Wissenschaft folgen. Der Patriotismus würde von einer mehr oder weniger paradoxen Abhandlung abhängen. Man würde zum Patrioten sagen: ‹Sie täuschen sich; Sie wollen Ihr Blut für diese Sache da vergießen; Sie glauben, Kelte zu sein, aber nein, Sie sind Germane.› Zehn Jahre später wird man Ihnen dann sagen, dass Sie Slawe sind.» Und wie steht es mit der gemeinsamen Vergangenheit? Es gibt sie nur als Fiktion. Die Geschichte falsch zu verstehen ist ein Teil der Nationwerdung, lautete Renans

Schlussfolgerung: «Das Vergessen – ich möchte fast sagen: der historische Irrtum – spielt bei der Erschaffung der Nation eine wesentliche Rolle, und daher ist der Fortschritt der historischen Studien oft eine Gefahr für die Nation.»

Zwei Jahre nach diesem Vortrag wurde die American Historical Association gegründet. Die historische Forschung wurde – in den Vereinigten Staaten und in Europa – genau zu dem Zeitpunkt zu einer Profession, als der Nationalismus einen Richtungswechsel vollzog, der vom Liberalismus weg- und zum Illiberalismus hinführte, in Deutschland einsetzend mit der «Blut-und-Eisen»-Politik Otto von Bismarcks. Bismarck führte als preußischer Ministerpräsident Kriege gegen Dänemark, Österreich und Frankreich; er fasste Norddeutschland 1867 zum Norddeutschen Bund zusammen und schuf 1871 das Deutsche Reich, in dem er selbst das Amt des Reichskanzlers übernahm. Er führte eine Kampagne zur Vereinigung Deutschlands im Namen einer germanischen «Rasse» und betrieb eine Politik der «Germanisierung» von Minderheiten.

Es wird oft angenommen, ein illiberaler Nationalismus sei eine Entwicklung, die sich vollzieht, wenn ein Nationalstaat seinem Volk außergewöhnliche Opfer abverlangt – besonders durch die Beteiligung an Angriffskriegen – und, weil er dessen Zustimmung braucht, im Namen der Nation um ein solches Opfer bittet. Je unerhörter der Krieg, desto schwerer ist diese Zustimmung zu erhalten, und desto grotesker fällt die Darstellung der Feinde der Nation aus.

Aber der illiberale Nationalismus ist ebenso ein Auswuchs anderer Entwicklungen im späten 19.Jahrhundert, zu denen Massenpolitik, Massenkommunikation und Massenmigration zählen. Mehr als 20 Millionen Europäer wanderten von 1880 bis 1920 in die Vereinigten Staaten aus. Je kleiner und wandelbarer die Welt wurde, desto fadenscheiniger wurden Geschichten von uralten Nationen, die aus einem einzigen Volk bestehen und auf eine gemeinsame Abstammungslinie zurückblicken, und desto eifriger suchten nach politischer Macht strebende Personen nach Begründungen für Ausschluss, Diskriminierung und Aggression. Neue rassebezogene «Wissenschaften», allen voran die quacksalberische Eugenik, gaben vor, die Wertvollen von den Unwürdigen zu trennen; Völker nach «Nationalitäten» zu trennen bedeutete schon sehr bald, sie nach «Rassen» zu trennen, die in eine hierarchische Rangordnung zu bringen waren.

Im Jahr 1882, dem Jahr, in dem Ernest Renan fragte: «Was ist eine Nation?», verabschiedeten die Vereinigten Staaten ihr erstes bedeutendes Gesetz zur Beschränkung der Einwanderung, den Chinese Exclusion Act. «Jede Nation hat das Recht, einem Ausländer die Einreise ins eigene Land zu verweigern», hatte der schweizerische Völkerrechtler Emer de Vattel 1758 in seinem Buch *Das Völkerrecht oder Grundsätze des Naturrechts (Le droit des gens, ou principes de la loi naturelle)* geschrieben. Die Logik hinter diesem Gedanken war gewesen, dass Ausländer Agenten einer feindlichen Nation sein könnten. Aber was war mit Einwanderern aus Nationen, die keine Feinde waren? Der Supreme Court entschied 1889, dass auch ihnen die Einreise verwehrt werden konnte. Der Oberste Gerichtshof verfügte, dass der Kongress, wenn er «die Präsenz von Ausländern einer andersartigen Rasse in diesem Land, die sich bei uns nicht assimilieren wird, für den Frieden und die Sicherheit für gefährlich hält, ihren Ausschluss nicht aussetzen darf, weil gegenwärtig keine Feindseligkeiten mit der Nation bestehen, der die Ausländer angehören».

Eine mit dem Aufstieg des illiberalen Nationalismus verbundene Vorgehensweise ist, aus befreundeten Nationen eintreffende Ausländer als Invasionsarmeen zu betrachten, um die Einwanderung zu begrenzen. In den Vereinigten Staaten, die als Asyl für Unterdrückte gegründet wurden, war dies ein sehr scharfer Kurswechsel. Die Ausarbeitung einer Rechtfertigung für ein solches Vorgehen führte zu einer Förderung der Eugenik, zu einem neu fokussierten Antisemitismus und zum Schüren von Ängsten vor dem Katholizismus und Sozialismus als europäischen Importen, wobei der eine als besondere Ausprägung des Monarchismus, der andere als eine Variante des Anarchismus betrachtet wurde. Die American Protective Association, eine 1887 gegründete antikatholische Geheimgesellschaft, führte die Tradition der Know-Nothing Party weiter. Die American Economic Association lobte 1888 einen Preis für den besten Essay zum Thema «The Evil Effects of Unrestricted Immigration» aus. Drei Harvard-Absolventen hatten 1894 die in Boston ansässige Immigration Restriction League gegründet. Aber das Anwachsen des illiberalen Nationalismus war auch sehr eng mit dem Aufstieg des Populismus verbunden, besonders im Mittleren Westen und Westen, weil weiße Farmer und Lohnarbeiter, die im Wirtschaftsleben des Gilded Age ins Hintertreffen geraten waren, nach Erklärungen für ihre Leiden suchten und nach Feinden Ausschau hielten.

In den Vereinigten Staaten führte der auf rassischen Vorstellungen basierende Nationalismus der 1880er Jahre zu drei einschneidenden politischen Veränderungen: zum Aufstieg der Jim-Crow-Gesetze, mit denen ein System der Rassentrennung eingeführt wurde, das vom Supreme Court 1896 mit dem Urteil im Verfahren *Plessy v. Ferguson* bestätigt werden sollte; zur Verabschiedung des Chinese Exclusion Act, mit dem Chinesen die Einwanderung untersagt wurde und das als Einschränkung der Staatsbürgerschaft kraft Geburt verstanden wurde; und zum Urteil des Supreme Court in Sachen *Elk v. Wilkins* von 1884, mit dem eine Forderung nach Staatsbürgerschaft, die ein Winnebago-Mann namens John Elk erhoben hatte, zurückgewiesen wurde. Im Urteil zu *Elk v. Wilkins* entschied das Gericht, dass die im 14. Zusatzartikel festgelegte Staatsbürgerschaft kraft Geburt für indigene Amerikaner nicht gelte, und begründete dies damit, dass der in einer Stammesgemeinschaft geborene Elk formell nicht «in den Vereinigten Staaten geboren» sei – was ihn, mit den Worten einer abweichenden Minderheitsmeinung, «ohne jede Staatsangehörigkeit» dastehen lasse. Senator Henry L. Dawes aus Massachusetts bezeichnete *Elk v. Wilkins* als das «merk-

79

würdigste, wenn nicht sogar schlimmste Urteil seit den Fällen der entflohenen Sklaven».

Drei Jahre nach *Elk v. Wilkins* verabschiedete der Kongress den Dawes Act, mit dem indigenen Amerikanern, denen man als Gegenleistung für ihr Einverständnis mit einem Leben getrennt von ihrem Volk ein Stück Land zuteilte, auch die Staatsbürgerschaft gewährt wurde. Der Dawes Act zielte darauf ab, die indigenen Gemeinschaften auseinanderzureißen. Ein «Citizenship Ritual» gab vor, indigene Amerikaner zu «Weißen» zu machen, indem sie (die Männer) Pfeil und Bogen entgegennahmen, die mit den folgenden Worten überreicht wurden: «Du hast deinen letzten Pfeil verschossen. Das bedeutet, dass du nicht mehr das Leben eines Indianers führen wirst. Vom heutigen Tag an sollst du das Leben eines weißen Mannes führen. Aber du darfst diesen Pfeil aufbewahren, er wird für dich ein Symbol deiner edlen Rasse und des Stolzes sein, den du empfindest, weil du von den ersten Amerikanern abstammst.» Die Frauen erhielten eine Handarbeitstasche mit Portemonnaie und bekamen gesagt: «Das bedeutet, dass du dich für das Leben einer weißen Frau entschieden hast – und die weiße Frau liebt ihr Zuhause.»

Segregation, Exklusion und die mit dem Dawes Act verbundene Staatsbürgerschaft als Gegenleistung verrieten den Geist, die liberalen Versprechen und die verfassungsrechtlichen Garantien des 14. und 15. Zusatzartikels. Aber der Kampf, mit dem die Nation an diesen Versprechen gemessen wurde, sollte eine liberale Tradition fortführen, eine

Tradition, die bürgerschaftliche Ideale wertschätzte und Forderungen für die Nation erhob.

Im Jahr 1887, demselben Jahr, in dem der Kongress den Dawes Act verabschiedete, wurde König Kalakaua von Hawaii praktisch gezwungen, ein Dokument zu unterzeichnen, das später als Bayonet Constitution («Bajonett-Verfassung») bekannt wurde und nach dessen Bestimmungen die Kanaka Maoli – oder indigenen Hawaiianer – bei einer Art Vorspiel zur Annexion durch die Vereinigten Staaten die politische Macht effektiv an weiße amerikanische Siedler abtraten. Nach Kalakauas Tod 1891 verteidigte dessen Schwester Lili'uokalani die Idee einer hawaiianischen nationalen Souveränität und schlug eine neue Verfassung vor, wobei sie auf «dem Recht des hawaiianischen Volkes, seine Regierungsform selbst zu wählen», bestand. Sie wies die politischen Machtansprüche amerikanischer Missionare und Geschäftsleute zurück: «Sie sind keine Hawaiianer und waren es auch nie.» Und sie warnte vor dem amerikanischen Imperialismus: «Wird die amerikanische Republik von Staaten zum Kolonisierer und Landräuber verkommen?»

Königin Lili'uokalani gelang es zwar nicht, die Annexion Hawaiis oder amerikanische imperiale Unternehmungen auf den Philippinen und andernorts aufzuhalten, aber sie führte neue Begriffe in die Debatte ein. Dasselbe gilt für kritische Stimmen innerhalb der Vereinigten Staaten. «Warum erlassen sie keine Gesetze gegen Schweden, Deutsche, Italiener, Türken und andere?», fragte 1892 Yung Hen, ein chinesischer Geflügelhändler in San Francisco. Wong Kim

81

Ark kam 1873 in San Francisco zur Welt, aber nach einer China-Reise verweigerte man ihm die Wiedereinreise in die Vereinigten Staaten. Er brachte seinen Fall vor den Supreme Court, der 1898 entschied, nach dem 14. Zusatzartikel gelte die Staatsbürgerschaft kraft Geburt auch für Amerikaner chinesischer Herkunft.

Der Kampf für die Umsetzung der von den USA geschlossenen Verträge und die Erfüllung der im 14. und 15. Zusatzartikel festgehaltenen Rechtsgarantien sollte zur fortdauernden Arbeit von Generationen von Amerikanern werden, deren Spektrum von Organisationen für die Rechte indigener Völker über italienische, jüdische und slawische Unterstützungsvereine (auf den Spuren bereits früher aktiver irischer und deutscher Unterstützungsvereine) bis zu Bürgerrechtsaktivisten, Suffragetten, Feministinnen und Aktivisten für die Rechte von Homosexuellen reichte. Sie hinterfragten das Wesen eines rassebezogenen Nationalismus und einer Diskriminierung aufgrund von Geschlecht, geschlechtsbezogenen Zuschreibungen und Sexualität. Sie widersetzten sich der Herrschaft von Gewalt und Terror. Sie gründeten Zeitungen und Zeitschriften und riefen Freiwilligenorganisationen ins Leben. Ida B. Wells, in Mississippi einst noch in die Sklaverei hineingeboren, führte eine nationale Kampagne gegen Lynchmorde an und sollte 1909 dann, ebenso wie W.E.B. Du Bois, bei der Gründung der National Association for the Advancement of Colored People (NAACP) mitwirken. Wong Chin Foo, der zuvor bereits den *Chinese American,* eine Zeitung in New York City, auf den Weg gebracht hatte, gründete 1892 – in dem Jahr, in dem Wells ihr Buch *Southern Horrors: Lynch Law in All Its Phases* veröffentlichte – die Chinese Equal Rights League und betonte dabei: «Wir beanspruchen ein gemeinsames Menschentum mit allen anderen Nationalitäten.» Ein jüdischer Sozialarbeiter namens Nissim Behar gründete 1906 die National Liberal Immigration League, die sich den Kampf gegen die Beschränkung der Einwanderung als Ziel setzte. Zwei Jahre später rief Israel Zangwill, der bei einer Einwanderungsgesellschaft für russische Juden mitarbeitete, mit demselben Ziel in seinem Theaterstück *The Melting-Pot* zu einem besseren Amerikanismus auf.

Die an die Vereinigten Staaten gerichtete Forderung, das mit ihrer Gründung – und ganz besonders mit ihrer zweiten Gründung – verbundene Versprechen einzulösen, brachte einige der wortgewaltigsten Kunstwerke und Reden der amerikanischen Geschichte hervor. 1906, nur wenige Jahre nach der landesweiten Feier des 400. Jahrestages von Kolumbus' erster Reise, sprach Chitto Harjo von der Muscogee Creek Nation vor einem Senatsausschuss in Tulsa über die Geschichte des Volkes der Creek. «Im Jahr 1492 kam ein Mann namens Kolumbus über das große Meer, und er entdeckte dieses Land für den weißen Mann – dieses Land, das zur damaligen Zeit die Heimat meines Volkes war.» Er berichtete über die Zwangsumsiedlung von 1832, die Haltung der Creek zum Bürgerkrieg – «ich zog in ihn als Soldat der Union» – und den Verrat nach dem Krieg. «Ich habe erfahren und halte es auch für wahr, dass einige

Bürger der Vereinigten Staaten Land übertragen bekommen haben, das meine Vorfahren und mein Volk von der Regierung erhalten hatten. Wenn es mir übergeben wurde, mit welchem Recht nehmen es die Vereinigten Staaten mir dann wieder weg, ohne mich vorher um meine Zustimmung zu bitten?»

Im selben Jahr, in dem Chitto Harjo in Tulsa zu US-Senatoren sprach, hielt Mary Church Terrell eine Rede in Washington. In «What It Means to Be Coloured in the Capital of the United States» («Was es bedeutet, in der Hauptstadt der Vereinigten Staaten eine Farbige zu sein») warf Terrell, die in Memphis geborene Tochter ehemaliger Sklaven, einen frischen Blick auf die Themen von Frederick Douglass' 1852 gehaltener Rede «What to the Slave Is the Fourth of July?»

«Als farbiger Frau kann es mir passieren, dass ich vom Kapitol in Richtung des Weißen Hauses gehe, einen schrecklichen Hunger und mehr als genug Geld bei mir habe, um mir ein Essen leisten zu können, ohne auch nur ein einziges Restaurant zu finden, in dem mir gestattet würde, einen kleinen Happen zu mir zu nehmen, wenn es von weißen Besitzern geführt würde, es sei denn, ich wäre bereit, mich hinter einen Wandschirm zu setzen. Als farbige Frau kann ich das Grabmal des Vaters dieses Landes nicht besuchen, das seine Existenz der Freiheitsliebe im Menschenherzen verdankt und das für gleiche Chancen für alle steht, ohne dass man gezwungen wird, im Jim-Crow-Abteil einer Straßenbahn zu sitzen. ... Wenn ich mich weigere, mich auf diese Art erniedrigen zu lassen, wirft man mich ins Gefängnis.»

Terrell forderte das uneingeschränkte Bürgerrecht. Aber Frauen und farbige Menschen stellten außerdem den amerikanischen Nationalismus infrage, indem sie sich Aufrufen zum Internationalismus anschlossen. Sie leisteten bahnbrechende Arbeit für internationale Organisationen und fanden gemeinsame Anliegen mit Frauen und farbigen Menschen in anderen Ländern. Der auf Jamaika geborene Amerikaner Marcus Garvey gründete 1914 in Akron, Ohio, die Universal Negro Improvement Association und brachte vier Jahre später erstmals deren offizielles Organ *The Negro World* heraus. Frauen erkundeten andere Möglichkeiten des Kampfes um das Bürgerrecht oder des Verzichts darauf. «Als Frau habe ich kein Land», sollte Virginia Woolf feststellen, ein Echo von Karl Marx' Behauptung, dass Arbeiter kein Vaterland hätten. Der Internationale Frauenrat wurde 1888 bei einer Versammlung der National Woman Suffrage Association gegründet. Elizabeth Cady Stanton sprach aus diesem Anlass über ein «universelles Gefühl der Ungerechtigkeit», das unter «den Frauen aller Nationalitäten ein gemeinsames Band der Union bildet». Die Organisation meldete 1925 eine Zahl von 36 Millionen Mitgliedern. Schwarze Frauen, die in politische Organisationen weißer Frauen meist nicht aufgenommen oder aber zugelassen und anschließend ignoriert wurden – «Die farbigen Frauen wissen, dass unsere Gruppe weiße Frauen sehr viel skeptischer sieht, als der Rest der Welt sich vorstellt», sagte eine von ihnen –, gründeten ihre eigenen Organisationen auf nationaler wie auf internationaler Ebene, von der 1896 gegründeten National Association of Colored Women bis zum 1920 ins Leben gerufenen International Council of Women of the Darker Races.

Der «intersektionale Feminismus», wie er Jahrzehnte später genannt werden sollte, hat eine lange Geschichte. Dasselbe gilt auch für das, was man als intersektionalen Amerikanismus betrachten könnte. Sehr viele Menschen beklagten sich, vor die Entscheidung gestellt, ob sie nun Afrikaner oder Amerikaner sein oder Bürgerrechts- oder feministischen Organisationen beitreten wollen, über die Art der Entscheidung. Alice Woodby McKane aus Maryland erklärte ihre Unterstützung für Marcus Garveys Universal Negro Improvement Association, aber wies den Gedanken zurück, dass eine Unterstützung des Panafrikanismus für einen Konflikt mit ihrer Vorstellung von Amerikanismus sorge. «Ich habe auch noch das Blut einer anderen Rasse in mir, das der amerikanischen Indianer, und das, verbunden mit der Tatsache, dass ich hier geboren wurde und dass meine roten und schwarzen Vorfahren für alles gekämpft haben, was die amerikanische Kultur in Ehren hält, gibt mir das Gefühl, dass niemand sonst ein größeres Anrecht darauf hat, die Rechte und Privilegien hier zu genießen, als ich und meine Leute.»

Geschichten dieser Art schafften es nicht in frühe Geschichtserzählungen der amerikanischen Nation. Die höchstdekorierten Historiker der Nation – die Männer, die in jenen Jahren bei den alljährlichen Tagungen der American Historical Association (AHA) die Ansprachen des Präsidenten hielten –, hatten kaum ein Interesse daran, gegen rassistische Ungerechtigkeit, erzwungene Assimilation, die Nichtzulassung des Wahlrechts für Frauen oder die Beschränkung der Einwanderung zu protestieren. Häufiger kam es vor, dass sie diese Praktiken befürworteten. In seinem 1893 veröffentlichten Vortragstext «The Significance of the Frontier in American History» bezeichnete Frederick Jackson Turner das Grenzland als Trennlinie zwischen «Wildnis» und «Zivilisation», an der die Demokratie durch die Anwendung von Gewalt geschmiedet worden sei. In seinem Buch *The Winning of the West* (1889–1896) erzählte Theodore Roosevelt die amerikanische Geschichte als die Geschichte der Überwindung indigener Völker durch weiße Männer, es ist eine vierbändige Chronik «der großen Heldentat in der Geschichte unserer Rasse», wie er sich manchmal ausdrückte. Woodrow Wilson, Autor einer 1902 erschienenen und fünf Bände umfassenden *History of the American People*, starb, bevor er vor der AHA seine Presidential Address halten sollte. Sein ganzes Leben lang lehnte er den Partikularismus ab – «Ich bin der Ansicht, dass ein Regierungssystem das ist, was sein Volk und seine Geschichte daraus machen, und dass unser Regierungssystem schon lange vor 1861 national und unauflösbar gemacht worden war» –, selbst als er die Rassentrennung verteidigte und mit der Übernahme des Präsidentenamtes 1913 auch die Dienstaufsicht für die Rassentrennung im öffentlichen Dienst übernahm.

Progressive Historiker, allen voran Charles Beard, erklärten die amerikanische Geschichte als die Geschichte wirtschaftlicher Konflikte. Beards umfassende und außerordentlich beliebte Lehrbücher, darunter auch das 1927 gemeinsam mit seiner Frau Mary Ritter Beard verfasste *Rise of American Civilization*, boten eine eingehende Darstellung der Ursprünge der amerikanischen Demokratie. Das innig geliebte Werk des Ehepaares Beard rief zu patriotischen Gefühlen auf und inspirierte sie auch. Aber auch diese beiden ließen in ihrer Darstellung genau die Menschen unberücksichtigt, die nach wie vor aus der nationalen Gemeinschaft ausgeschlossen blieben. W.E.B. Du Bois schrieb, man lese *The Rise of American Civilization* «mit einem angenehmen Gefühl, dass es an keiner Stelle um Recht und Unrecht geht», als ob das Böse genauso ohne Urheber wäre wie das Wetter.

Du Bois, der 1895 in Harvard promoviert hatte, wurde nie zum Präsidenten der American Historical Association gewählt, aber seine Geschichtserzählungen erwiesen sich langfristig als mit die dauerhaftesten aus dieser Ära. In seinem 1903 veröffentlichten Buch *The Souls of Black Folk* führte Du Bois den Begriff eines «doppelten Bewusstseins» ein und sah die amerikanische Geschichte als einen Wettbewerb zwischen konkurrierenden Arten der Zugehörigkeit zu einer Rasse und einer Nation. «Die Geschichte des amerikanischen Negers ist die Geschichte dieses Kampfes», schrieb Du Bois. «Er möchte Amerika nicht afrikanisieren, denn Amerika hat die Welt und Afrika viel zu lehren. Er möchte seine Negerseele nicht in einer Flut weißer Amerikanismen bleichen, denn er weiß, dass das Negerblut eine Botschaft für die Welt bereithält. Er hat nur einen Wunsch, beides zu sein: Neger und Amerikaner, ohne von seinen Mitbürgern verflucht und angespuckt zu werden, und ohne dass ihm die Tür vor der Nase zugeschlagen wird.»

Aber die Nation, die den Krieg und den Bolschewismus in Europa zugleich im Auge hatte, forderte eine ungeteilte Loyalität. Theodore Roosevelt reagierte auf die Bindungen der Emigranten und auf Du Bois' doppeltes Bewusstsein mit einer Forderung nach einer einzigen nationalen Identität. «Es ist kein Platz für den Bindestrich in unserer Staatsangehörigkeit», sagte Roosevelt. «Das ist eine der Forderungen, die im Namen des Geistes des amerikanischen Nationalismus zu erheben sind. Die andere ist genauso wichtig. Wir müssen jeden guten Amerikaner deutscher oder anderer Abstammung ohne Ansehen seines Glaubens als jedem anderen guten Amerikaner vollkommen gleichberechtigt ansehen und uns den Kreaturen ungerührt entgegenstellen, die einen solchen Amerikaner diskriminieren wollen oder ihm seinen eigenen oder den Geburtsort seiner Eltern zum Vorwurf machen.» Roosevelts Publikum behielt stets den ersten Teil dieser Rede (keine Bindestriche) im Gedächtnis, nicht den zweiten (keine Diskriminierung).

Roosevelt rief zu einem «Neuen Nationalismus» auf und

begann diese Kampagne mit einer Rede, die er 1910 in Osawatomie, Kansas, hielt, am Schauplatz der wohl ersten Schlacht um die Spaltung der Nation, des 1856 ausgetragenen Kampfes zwischen Befürwortern der Sklaverei in Kansas und Abolitionisten. «Wir sind alle Amerikaner», sagte Roosevelt in Kansas. «Die nationale Regierung gehört dem ganzen amerikanischen Volk, und dort, wo das gesamte amerikanische Volk ein Interesse hat, kann dieses Interesse nur von der nationalen Regierung wirksam geschützt werden.»

Roosevelts *New Nationalism* war von Zangwills 1908 veröffentlichtem *Melting-Pot* stark beeinflusst worden. «Amerika ist Gottes Feuerprobe, der große Schmelztiegel, in dem alle Rassen Europas verschmelzen und sich umgestalten!», sagt Zangwills Held. «Deutsche und Franzosen, Iren und Engländer, Juden und Russen – in den Schmelztiegel mit euch allen! Gott erschafft den Amerikaner.» Roosevelt schrieb an Zangwill: «Ich weiß nicht, wann mich ein Theaterstück einmal so sehr bewegt hat.» Aber Roosevelt hatte seinen *New Nationalism*, als Schlagwort wie auch als Kampagne, von dem progressiven Journalisten Herbert Croly entliehen. Croly forderte bereits 1908 wirtschaftliche und gesellschaftliche Reformen, die Neueinwanderer umfassender ins Leben der Nation einbeziehen sollten. Dieser Aufruf half Roosevelts *New Nationalism*, Sozialreformer anzulocken, unter anderen auch Jane Addams und Lillian Wald, und erwies sich als zentraler Punkt für die Gründung der Progressive Party.

Roosevelts Nationalismus war überdies eine sonderbare Mischform, liberal und illiberal zugleich. Roosevelt akzeptierte den Gedanken einer schwarzen Staatsbürgerschaft, schrieb aber, nur für den privaten Gebrauch, dass es wirklich keine Lösung gebe für «das schreckliche Problem, das die Anwesenheit des Negers auf diesem Kontinent mit sich bringt». Er sah den Spanisch-Amerikanischen Krieg nur als eine weitere Schlacht in dem nationalen Drama der rassischen Eroberung, deren Chronik er mit *The Winning of the West* vorgelegt hatte. Er konnte sich einen Schmelztiegel für alle Europäer vorstellen, aber für niemanden sonst. Das Dilemma bestand weiterhin. Aber ebenso verhielt es sich mit Woodby McKanes Amerikanismus – «meine roten und schwarzen Vorfahren haben für alles gekämpft, was die amerikanische Kultur in Ehren hält». Sie machte sich das zu eigen, was ab 1915 als «kultureller Pluralismus» bezeichnet wurde, den Gedanken, dass es ohne Weiteres möglich sei, sich als Amerikaner und zugleich noch als etwas anderes zu bezeichnen, eine Haltung, die der jüdisch-amerikanische Philosoph Horace Kallen einnahm, der die Vereinigten Staaten als eine «Demokratie von Nationalitäten» bezeichnete, als Nation von Nationen.

Und dennoch bekämpften sich die beiden Nationalismen der Nation gegenseitig. Wilson besiegte 1912 Taft, den Republikaner, und Roosevelt, den Progressiven, und sah sich drei Jahre später im Weißen Haus D. W. Griffiths für die Konföderation eintretenden Film *The Birth of a Nation* an, bei dem sich Griffith teilweise auf Wilsons *History of the*

91

American People gestützt hatte. Von diesem Film inspiriert, entstand der ursprünglich in den 1860er Jahren gegründete Ku-Klux-Klan 1915 unter dem Banner des «wahren Amerikanismus» ein zweites Mal. Sein Ziel war, «weiße männliche Personen, gebürtige christliche Bürger der USA, ... zu vereinen, um für alle Zeit die weiße Vorherrschaft aufrechtzuerhalten» und «die herausragenden Institutionen, Rechte, Privilegien, Grundsätze, Traditionen und Ideale eines reinen Amerikanismus zu bewahren, zu schützen und aufrechtzuerhalten».

Während sich in Deutschland furchterregende Varianten des Nationalismus entwickelten und die Mitgliederzahl des Klans in den Vereinigten Staaten wuchs, nahm der amerikanische Nationalismus in den ersten Jahrzehnten des 20. Jahrhunderts auch die Form des wirtschaftlichen Nationalismus und der Befürwortung des Isolationismus an. Der Zeitungsmagnat William Randolph Hearst, ein Gegner des Eintritts der Vereinigten Staaten in den Krieg in Europa, veröffentlichte in seinen Blättern Leitartikel, in denen «America First» gefordert wurde.

Der Kriegseintritt der Vereinigten Staaten schürte nur den Nationalismus. Wilson sprach sich in seinen Vierzehn Punkten für nationale Selbstbestimmung aus, für «den Grundsatz der Gerechtigkeit für alle Völker und Nationalitäten und ihr Recht auf ein gleichberechtigtes Zusammenleben in Freiheit und Sicherheit, ob sie nun stark oder schwach sind». Aber 1919, nach dem Kriegsende, lehnte der US-Senat den Versailler Vertrag ab, nach dessen Bestimmungen die Vereinigten Staaten der von Wilson lange ersehnten internationalen Organisation, dem Völkerbund, beitreten sollten. «Der chauvinistische Nationalismus nimmt überhand», schrieb ein Bürgerrechtsanwalt. «Der Hass auf alles Ausländische ist zu einer fixen Idee geworden.» Der Ku-Klux-Klan hatte 1922 bereits zwei Millionen Mitglieder. Der Supreme Court entschied 1923, dass Bhagat Singh Thind, ein im Pandschab geborener Sikh-Amerikaner, der im Krieg in der US-Armee gedient hatte, nicht die US-Staatsbürgerschaft erhalten könne, weil er «nach dem Verständnis des einfachen Mannes» kein Weißer sei. Im darauffolgenden Jahr sollten die Vereinigten Staaten ihre Türen nahezu ganz schließen.

XI

NATIONEN UND HERKUNFTSLÄNDER

AMERICA OF THE MELTING POT COMES TO END («Das Amerika des Schmelztiegels geht zu Ende»), verkündete eine achtspaltige Schlagzeile in der *New York Times*. NORDIC VICTORY IS SEEN IN DRASTIC REDUCTIONS («Drastische Einschränkungen gelten als nordischer Sieg»), erklärte die *Los Angeles Times*. Der Kongress verabschiedete 1924 einen zweiteiligen Immigration Act, mit dem die Einwanderung aus ganz Asien verboten und die Einwanderung aus Europa stark eingeschränkt wurde, wobei die europäischen Einwanderer nach ihrer «nationalen Herkunft» sortiert wurden. Die Einwanderung von aus eugenischer Sicht weniger erwünschten Süd- und Osteuropäern – Italienern, Ungarn und Juden – wurde fast vollständig gestoppt.

Im gleichen Jahr gewährte der Kongress allen indigenen Völkern mit dem Indian Citizenship Act durch einen Federstrich die Staatsbürgerschaft der Vereinigten Staaten. Die Indian Rights Association – eine Unterstützerorganisation, die aus weißen Mitgliedern bestand – hatte sich für das Gesetz starkgemacht. Nicht alle indigenen Völker wollten es haben. Die Onondaga lehnten das Gesetz als erzwungene Einbürgerung ab. Pueblo-Völker hatten zuvor bereits darum gebeten, von Gesetzen ausgenommen zu werden, die Männern, die im Ersten Weltkrieg gedient hatten, die Staatsbürgerschaft verliehen. Porfirio Mirabel aus Taos, einem Pueblo im Norden New Mexicos, sagte vor einem Ausschuss des Repräsentantenhauses: «Alles, worum ich die Regierung der Vereinigten Staaten bitte, ist, dass wir in Ruhe gelassen und nicht zu Staatsbürgern gemacht werden wollen.»

Nach den Bestimmungen beider 1924 verabschiedeter Gesetze – des Immigration Act und des Indian Citizenship Act – war die Einbürgerung als Amerikaner weniger eine Frage der freien Entscheidung und Zustimmung, sondern eine Frage einer auf rassischer Zuordnung beruhenden Verfügung. Beide Gesetze wurden durch Traktate von Eugenikern beeinflusst, von allem von Madison Grants *The Passing of the Great Race: Or, the Racial Basis of European History* (1916) und Lothrop Stoddards *The Rising Tide of Color Against White World-Supremacy* (1920). Sie stützten sich außerdem auf einen 1911 im Auftrag des Kongresses erarbeiteten Bericht, zu dem auch ein «Dictionary of Races or Peoples» gehörte, in dem die Völker der Welt in «die weißen, schwarzen, gelben, braunen und roten Rassen» unterteilt und alle mit Ausnahme der ersten als die «farbigen» oder «dunklen» Rassen klassifiziert wurden. Viele indigene Menschen, die aufgefordert wurden, effektiv zu Weißen zu werden, indem sie sich von einer indigenen Nationalität lossagten und als US-Staatsbürger bezeichneten, weigerten sich.

Die Gesetze traten dennoch in Kraft. Ab 1924 wurden Einwanderer in die Vereinigten Staaten einem Quotensystem unterworfen, das auf einer Einteilung nach nationaler Herkunft beruhte. Aufgrund einer willkürlichen Festlegung, die zwar jeglicher Grundlage entbehrte, aber davon ausging, dass 75 Prozent der Bevölkerung der Vereinigten Staaten einer unter eugenischen Gesichtspunkten zu bevorzugenden «nordischen» (oder nordeuropäischen) Herkunft seien, mussten 75 Prozent der Neueinwanderer ebenfalls «nordischer» Herkunft sein. (Diese Einteilung, die weniger der Statistik als der Einbildungskraft entsprang, schloss aus ihren Berechnungen ausdrücklich alle «Abkömmlinge von Sklaveneinwanderern» aus, damit das vorgeschlagene Quotensystem «das Land nicht für eine afrikanische Invasion öffnet».) Im darauffolgenden Jahr lobte Adolf Hitler, der die erste deutsche Ausgabe von *The Passing of the Great Race* gelesen hatte, in *Mein Kampf* die amerikanischen Bemühungen um eine Begrenzung der Einwanderung, indem «die amerikanische Union ... von der Einbürgerung aber bestimmte Rassen einfach ausschließt».

Mexikanische Einwanderer bildeten in der mit dem Gesetz von 1924 eingeführten Quotenregelung eine Ausnahme. Besonders nach der Verabschiedung einer neuen Verfassung für Mexiko im Jahr 1917 war das amerikanische Konsulat des Landes bestrebt, die 1,5 Millionen Mexikaner, die von 1890 bis 1929 in die Vereinigten Staaten ausgewandert waren, davon abzubringen, Amerikaner zu werden. Konsulatsbüros in Kalifornien versuchten den mexikanischen Patrio-

97

tismus in der Hoffnung zu kultivieren, dass Arbeitsmigranten nach Mexiko zurückkehren würden. Amerikanische Unternehmen, die Mexikaner beschäftigten, gaben sich unterdessen ebenso große Mühe, diese Menschen in den Vereinigten Staaten zu halten – wenn auch vorzugsweise nicht als Staatsbürger. Sie warben beim Kongress dafür, Mexikaner von der Neuregelung zur Beschränkung der Einwanderung auszunehmen, und brachten dabei ihre eigenen rassebezogenen Argumente vor. W.H. Knox von der Arizona Cotton Growers' Association sagte später: «Hat man jemals in der Geschichte der Vereinigten Staaten oder in der Menschheitsgeschichte davon gehört, dass die weiße Rasse von einer Gruppe von Menschen mit der Mentalität der Mexikaner überrannt wurde? Ich habe nichts dergleichen gehört. Wir nahmen dieses Land Mexiko weg und nicht Mexiko uns.» Die Unternehmer setzten sich in dieser Auseinandersetzung durch – Mexikaner wurden vom National Origins Act ausgenommen –, aber die Volkszählung von 1930 registrierte Menschen mexikanischer Herkunft dennoch als «mexikanisch», und der Kongress gründete 1924 die U.S. Border Patrol, die die Grenze zwischen den Vereinigten Staaten und Mexiko bewachen und Migranten auf Dokumente kontrollieren sollte, die ihren Grenzübertritt zur Aufnahme einer Arbeit belegten. Die Deportation aller Personen, die man als «illegale Ausländer» («illegal aliens») einstufte, wurde erstmals in der amerikanischen Geschichte zur Politik der Vereinigten Staaten.

Auf irgendeine Art schien die Union, lange nach dem

Ende des Bürgerkriegs, gegen die Konföderation zu verlieren. Frederick Jackson Turner schrieb 1925 einen kaum bekannten Nachtrag zu seinem sehr viel berühmteren Text «The Significance of the Frontier in American History» und gab diesem Essay den Titel «The Significance of the Section in American History». Aufgrund der Beharrlichkeit des Partikularismus sei der amerikanische Nationalismus stark vom Süden beeinflusst worden, meinte Turner. «Die Bedeutung des Landesteils in der amerikanischen Geschichte liegt darin, dass er das vage Abbild einer europäischen Nation ist und dass wir unsere eigene Geschichte im Licht dieser Tatsache aufs Neue überprüfen müssen», schrieb er und bezeichnete den Kongress als einen – dem Völkerbund nicht unähnlichen – Bund von Landesteilen.

Wilsons wie auch FDRs eigener Internationalismus standen für eine Erweiterung der natürlichen Logik des liberalen Nationalismus. So verhielt es sich wohl auch mit der Einschätzung dessen, was als Indian New Deal bezeichnet wurde, durch indigene Völker. Roosevelts Regierung beendete in den 1930er Jahren, von Aktivisten für die Rechte indigener Völker unter Druck gesetzt, das System von Landzuteilungen nach dem Dawes Act, schob die frühere Politik der Bundesregierung beiseite und bewegte sich – wenn auch nur stockend und mit halbherzigen Maßnahmen – in Richtung einer Unterstützung indigener Nationalität. «Lasst uns einen New Deal versuchen», drängte die Okanago-Schriftstellerin Christine Quintasket, auch bekannt als «Mourning Dove» («Traurige Taube»), indigene

99

Völker, die sich 1934 in Oregon versammelten: «Es kann gar nicht schlechter sein als das, was bisher war.»

Während der Weltwirtschaftskrise und auf dem Weg in den Zweiten Weltkrieg versammelte FDR die Nation hinter seinem eigenen Patriotismus, einer Feier amerikanischer bürgerschaftlicher Ideale in Gestalt der vier Freiheiten – Redefreiheit, religiöse Freiheit, Freiheit von Not und Freiheit von Angst. Es war ein Patriotismus in völligem Einklang mit seiner Überzeugung, dass die Vereinigten Staaten sich in der Weltpolitik engagieren müssen. «So wie unsere nationale Politik im Inneren auf einem angemessenen Respekt für die Rechte und die Würde unserer Mitmenschen im eigenen Land beruhte, so beruhte auch unsere Außenpolitik auf einem angemessenen Respekt für die Rechte und die Würde aller Nationen, der großen und der kleinen», sagte er im Kongress.

Gegen Roosevelts liberalen Nationalismus stellte sich ein fortwirkender illiberaler Nationalismus, der sich als Isolationismus manifestierte. In den 1930er Jahren verbreitete Hearst seine isolationistische Botschaft über NBC Radio und warnte, die Nationen Europas seien «bereit, in den Krieg zu ziehen, und nur zu gerne möchten sie uns dabeihaben», aber «die Amerikaner sollten die traditionelle Politik unserer großen und unabhängigen Nation beibehalten – groß ist sie vor allem, weil sie unabhängig ist». Lothrop Stoddard reiste nach Deutschland und traf sich mit Hitler. Grants *The Passing of the Great Race* erlebte in den Vereinigten Staaten sieben weitere Auflagen, unter anderem 1930,

1932 und 1936; und 1933 veröffentlichte er ein neues Buch, eine amerikanische Geschichte mit dem Titel *The Conquest of a Continent*. «Nationale Probleme sind heute im Grunde genommen Rassenprobleme», war im Werbetext für das Buch zu lesen. «Herr Hitler hat dieses Problem für Deutschland festgestellt – und arbeitet an seiner eigenen Lösung. Wir in Amerika haben unser eigenes Problem.»

Grants neues Buch hatte nicht den Erfolg, den sein frühes Werk hatte, aber ein kleiner Teil der Amerikaner unterstützte dennoch den Nationalsozialismus eifrig. Pater Charles Coughlin predigte im Radio Antisemitismus und Bewunderung für Hitler und das Dritte Reich. In dem Rahmen, in dem Hitler dies erwiderte, äußerte er Bewunderung nicht etwa für die Vereinigten Staaten, sondern für die Konföderation, deren Niederlage im Bürgerkrieg er sehr bedauerte: «Die Ansätze zu einer großen, auf der Idee der Sklaverei und der Ungleichheit beruhenden neuen Gesellschaftsordnung sind damals zerstört worden», sagte er. NS-Propagandisten säten Zwietracht mit Radiosendungen, die von der amerikanischen Presse als «Fake News» bezeichnet wurden, und sie versuchten gemeinsame Sache mit weißen Südstaatlern zu machen, indem sie die Rücknahme des 14. und 15. Zusatzartikels forderten. Coughlin spielte ihnen dabei in die Karten. Sein Publikum folgte 1939 seinem Aufruf zur Gründung einer neuen christlichen Partei, der Christian Front, und das in einem Jahr, in dem 20 000 Amerikaner, einige von ihnen in NS-Uniformen, sich im Madison Square Garden versammelten, der aus diesem Anlass mit

Hakenkreuzfahnen und Sternenbannern geschmückt worden war, und dort bei einer «Massenkundgebung für wahres Amerikanertum» den «New Deal» als «Jew Deal» verunglimpften.

Charles Lindbergh, ein prominenter Vertreter der «America First»-Bewegung, der Mann, der, nicht unwichtig, allein über den Atlantik geflogen war, stützte seinen Nationalismus auf die Geografie. «Man muss nur einen kurzen Blick auf die Landkarte werfen, um zu sehen, wo unsere wahren Grenzen liegen», sagte er 1939. «Was sonst könnten wir uns noch wünschen als den Atlantischen Ozean im Osten und den Pazifik im Westen?» Roosevelt antwortete darauf 1940, indem er den Traum, die Vereinigten Staaten seien «eine einsame Insel», als Albtraum bezeichnete, «den Albtraum eines Volkes, das im Gefängnis sitzt, in Handschellen, hungernd, von Tag zu Tag durch die Gitter ernährt von den verachtungsvollen, mitleidlosen Herren anderer Kontinente».

In Europa wie auch in den Vereinigten Staaten setzte eine gewisse Zahl von Intellektuellen auf die schlimmsten Formen nationaler Vorurteile und nationaler Legendenbildung und rief zu aggressiven Handlungen im Namen des nationalen Interesses auf. Intellektuelle, «die dergleichen Fanatismus aufbrachten, haben Verrat an ihrem Amt begangen – denn ihre Funktion besteht ja gerade darin, den Völkern ... einen Stand gegenüberzustellen, dessen Kult allein der Gerechtigkeit und der Wahrheit gilt», schrieb der französische Philosoph Julien Benda 1927 in seinem Buch

Der Verrat der Intellektuellen (La trahison des clercs). Madison Grant, der keinen Doktortitel erworben hatte, aber dennoch als «Dr. Grant» durch die Welt spazierte, gehörte dem Vorstand des Museum of Natural History in New York an. Lothrop Stoddard hatte 1914 in Harvard promoviert – im Fach Geschichte. Als Mitglied der American Historical Association wie auch der American Political Science Association verbreitete Stoddard seine Ideologie von der weißen Vorherrschaft in Form von Büchern über die Geschichte der Vereinigten Staaten, zum Beispiel im 1927 erschienenen Werk *Re-Forging America: The Story of Our Nationhood*.

Je hässlicher und illiberaler sich der Nationalismus präsentierte, desto mehr waren liberale Intellektuelle von der Unmöglichkeit eines liberalen Nationalismus überzeugt. Und dennoch legten sich die Liberalen in den Vereinigten Staaten ins Zeug, als sie in den 1930er Jahren an der Zukunft der liberalen Demokratie verzweifelten, um den Liberalismus zu verteidigen, indem sie sich dem Nationalismus entgegenstellten. Trotz des Verrats einiger Intellektueller lehnte eine wachsende Zahl amerikanischer Denker die Eugenik ab, feierte den Pluralismus und stand hinter den Vereinigten Staaten als Nation von Nationen. In seinem 1931 erschienenen Bestseller *The Epic of America* prägte der Historiker James Truslow Adams den Begriff des «American dream». «Der Traum war nicht das Produkt eines einsamen Denkers», schrieb Adams. «Er entwickelte sich aus den Herzen und bedrückten Seelen vieler Millionen, die aus allen Nationen zu uns gekommen sind.»

Langston Hughes griff diese Geschichte auf und machte Poesie daraus. «Let America be the dream the dreamers dreamed», schrieb er 1935.

The land that never has been yet –
And yet must be – the land where every man is free.

Und das Federal Theatre Project der Works Progress Administration (WPA) nahm sich *The Epic of America* vor und machte ein 14-teiliges Hörspiel daraus, das überall in den Vereinigten Staaten und Kanada gesendet wurde. Im darauffolgenden Jahr begann CBS Radio mit der Sendung einer auf 26 Wochen angelegten Serie mit dem Titel *Americans All – Immigrants All*, die der Journalist und Kritiker Gilbert Seldes als Teil eines von FDR persönlich initiierten Projekts zur Feier «der vielen Rassen und Nationalitäten, aus denen unsere Bevölkerung besteht», geschrieben hatte. In den meisten Wochen nahm sie die Geschichte einer bestimmten ethnischen Gruppe unter die Lupe und verkündete, die Vereinigten Staaten seien «ein Festspiel aller Nationen». Es war eine der ersten Geschichtserzählungen, die mit einer Auseinandersetzung mit der Geschichte der Sklaverei und der weißen Vorherrschaft ein breites Publikum erreichte. In einer Ära von *Amos 'n' Andy* förderte *Americans All – Immigrants All* eine Vorstellung von der Gleichberechtigung der Rassen, wie sie im Radio oder in der amerikanischen Populärkultur in einem umfassenderen Sinn nur selten anzutreffen war. W.E.B. Du Bois fungierte als Berater für die Folge «The Negro» – «die Geschichte eines Einwanderers, der nicht aus eigenem freiem Willen kam». Er forderte eine umfangreichere und bessere Berücksichtigung von Frederick Douglass, afroamerikanischen Künstlern und weißen Abolitionisten. Die Serie definierte die amerikanische Geschichte als «die Geschichte großartiger Abenteuer, den Bericht über ein beispielloses Ereignis in der Geschichte der Menschheit, bei dem Millionen von Männern und Frauen aus jedem Land der Erde durch ihre eigene Entscheidung und Auswahl zu Amerikanerinnen und Amerikanern wurden und durch ein solches Handeln die Vereinigten Staaten von Amerika schufen».

Geschichten wie diese hatten Folgen. Sie hielten ein neues Plädoyer für die Nation. Der Historiker Oscar Handlin sollte später feststellen: «Irgendwann, Mitte der 1930er Jahre, gab es eine Wende. Die Amerikaner hörten auf, an die Rasse zu glauben, die Hassbewegungen begann sich aufzulösen, und die Diskriminierung wirkte immer mehr wie ein anachronistisches Überbleibsel aus der Vergangenheit und nicht mehr wie ein auch für die Zukunft gültiges Muster.» Handlin war mit seiner Einschätzung zu früh dran, aber diese Anstrengungen sollten während des Zweiten Weltkriegs fortgesetzt werden. Am 15. Dezember 1941 wurde Norman Corwins Radio-Essay *We Hold These Truths,* mit dem der 150. Jahrestag der Ratifizierung der Bill of Rights gefeiert wurde, von den vier größten Sendernetzen gleichzeitig und live gesendet. «Dies ist eine Sendung über das Geben eines Versprechens und das Halten eines Versprechens», kündigte der Erzähler Lionel Barriemore an. Die Hauptperson spielte James Stewart, fünf Jahre vor *It's a Wonderful Life. We Hold These Truths* ist eine Darstellung der Geschichte der Bill of Rights, eine Huldigung an den Liberalismus und eine Herausforderung. «Ein Versprechen ist ein Versprechen. Wurde das Versprechen der Amerikaner gehalten? Hat es Frieden und Krieg und Frieden und Krieg makellos und ungebrochen überstanden?», fragte Stewart. «Sind die Rechte die richtigen Rechte? ... Wer weiß eine bessere Antwort als das Volk?»

Während des Zweiten Weltkriegs verteidigten Amerikaner die Demokratie im Ausland mit innerer Stärke und Heldenmut. Der Krieg stellte auch das Engagement der Amerikaner für die bürgerschaftlichen Ideale der Nation auf den Prüfstand. Am Tag nach Pearl Harbor hängte ein Absolvent der University of California, der japanischer Herkunft war, ins Schaufenster seines Lebensmittelladens an der Ecke von Eighth und Franklin Street in Oakland ein Schild, auf dem zu lesen stand: I AM AN AMERICAN. Im darauffolgenden Jahr unterzeichnete FDR eine Verfügung des Präsidenten, die zur Inhaftierung von mehr als 100 000 japanischen Einwanderern und von Amerikanern japanischer Herkunft führte. Zu den Menschen, die dagegen protestierten, zählte Gordon Hirabayashi, ein Student im Abschlussjahr an der University of Washington, der seinen Fall vor den Supreme Court brachte. «Ich halte es für meine Pflicht, die demokratischen Grundsätze zu bewahren, für die diese Nation lebt», sagte er. «Unterscheidungen zwischen Menschen, die nur auf deren Herkunft beruhen, sind einem freien Volk, dessen Institutionen auf dem Grundsatz der Gleichheit beruhen, ihrem Wesen nach verhasst», schrieb der Oberste Richter in der Mehrheitsmeinung, aber das Gericht bestätigte dennoch die Rechtmäßigkeit der Zwangsmaßnahmen und berief sich auf einen nationalen Notstand. Aber Hirabayashis Protest wurde von einer neuen Generation asiatisch-amerikanischer politischer Aktivisten aufgegriffen. Und der Kampfeinsatz im Krieg öffnete weitere Türen. «Plötzlich wurden wir zu einem Teil des amerikanischen Traums», sagte Harold Liu, ein Amerikaner chinesischer Herkunft aus New York. Als Geschäfte und Unternehmen in Alaska Schilder aufhängten, auf denen «No Natives Allowed» stand, schrieben die führenden Tlingit-Vertreter Elizabeth und Roy Peratrovich an den Gouverneur: «Unsere indigenen Jungs werden genauso zu den Waffen gerufen, um unser geliebtes Heimatland zu verteidigen, wie die weißen Jungs.» Ihr Protest führte letztlich zum wegweisenden Anti-Discrimination Act von 1945 in Alaska.

Die Nation sollte gestärkt aus dem Krieg hervorgehen, hatte zugleich aber auch Bedarf an einer neuen Geschichte. «Historiker sind für den Nationalismus das, was Mohnbauern … für Heroinsüchtige sind», lautete eine düstere Feststellung des englischen Historikers Eric Hobsbawm. «Wir liefern den unentbehrlichen Rohstoff für den Markt.» Er hatte Recht. Aber man kann Mohnblumen auch pflücken, um der gefallenen Soldaten zu gedenken.

XII

LIBERALISMUS IM KALTEN KRIEG

Die Vereinten Nationen wurden 1945 als Nachfolgeorganisation des Völkerbundes gegründet. Drei Jahre später verabschiedete ihre Generalversammlung eine Allgemeine Erklärung der Menschenrechte. «Alle Menschen sind frei und gleich an Würde und Rechten geboren», heißt es dort im Artikel 1, der wie ein Echo der amerikanischen Unabhängigkeitserklärung klingt. «Sie sind mit Vernunft und Gewissen begabt und sollen einander im Geiste der Brüderlichkeit begegnen.» Historiker begannen jetzt mit der Niederschrift von Geschichtserzählungen, die diesen Anfang bereits als ein Ende voraussehen konnten. Sie mussten eine Geschichte über den Ursprung des Internationalismus finden und über den Ursprung der Menschenrechte und den Triumph des Liberalismus. Sie begannen auch mit der Niederschrift von Geschichten, die die Gräueltaten des Zweiten Weltkriegs erklären konnten. Sie begannen den Ursprüngen des weißen Nationalismus nachzuspüren.

John Higham begann 1948 eine Geschichte des amerikanischen Nativismus und tat dies im Bestreben, «den Nationalismus, diesen grundlegenden Zement moderner Gesellschaften, der die moderne Welt auf so furchterregende Art und Weise zerrissen hat», zu verstehen. Im selben Jahr versuchte Oscar Handlin in seinem Buch *Race and Nationality in American Life* eine Bilanz der Ungeheuerlichkeit des Holocaust zu ziehen – noch bevor dessen Ausmaß bekannt war. «Die furchtbaren Folgen des Rassismus, die darin erkennbar werden, sind ein unvergesslicher Teil der Geschichte des Westens», schrieb Handlin. Nach seiner Einschätzung verlangte der Holocaust selbst nach einer neuen, ja sogar antagonistischen Konfrontation mit der amerikanischen Geschichte: «Unsere eigene Geschichte zeigt, dass einige der Gefühle, die die Loyalität der Menschen binden, in einem Nationalismus, der frei von restriktiven und ausschließenden Elementen ist, eher kreative als destruktive Betätigungsfelder finden.»

Doch Highams und Handlins Herangehensweisen waren unüblich. Amerikanische Historiker boten stattdessen, vor allem nach dem Beginn des Kalten Krieges, im eifrigen Bestreben, in einer manichäischen Auseinandersetzung mit dem Kommunismus den Amerikanismus zu unterstützen, von ideologischem Konsens, nicht von Konflikten geprägte Geschichten an, Darstellungen eines nahezu problemfreien Liberalismus. Sie vertraten die Ansicht, der Sozialismus sei für die Amerikaner niemals wirklich attraktiv gewesen, was eine Art war zu betonen, dass Amerikaner niemals dem Einfluss des Kommunismus erliegen würden. Sie attackierten Progressive wie Charles Beard und lehnten seine Darstellung von ökonomischen Konflikten und ökonomischer

Ungleichheit ab. Arthur Schlesinger jr. betonte 1949, dass Liberale das «Kraftzentrum» der amerikanischen Politik besetzt hielten. «Der Liberalismus ist in den Vereinigten Staaten derzeit nicht nur die dominierende, sondern sogar die einzige intellektuelle Tradition», behauptete Lionel Trilling in *The Liberal Imagination* (1950). «Denn es ist eine schlichte Tatsache, dass heutzutage keine konservativen oder reaktionären Ideen allgemein im Umlauf sind.» Louis Hartz versuchte sich 1955 in *The Liberal Tradition in America* an einer Chronik einer unveränderlichen liberalen Tradition, die sich in eine unveränderliche liberale Zukunft hinein zu erstrecken schien. Im selben Jahr bot Richard Hofstadter in *The Age of Reform* eine komplexere Einschätzung der Wechselwirkung zwischen liberalen und illiberalen Traditionen, die vom Populismus bis zum Progressivismus reichte. Und in einer Rezension von Hartz' Buch schrieb Hofstadter den berühmten Satz: «Es war unser Schicksal als Nation, keine Ideologien zu haben, sondern eine zu sein.»

Aber in Wirklichkeit war das nicht Amerikas Schicksal als Nation gewesen, noch sollte es seine Zukunft sein. Im Jahr 1949, dem Jahr, in dem die Vereinigten Staaten als Gründungsmitglied der NATO beitraten, schrieben führende Vertreter der Hopi an Präsident Truman, erklärten in diesem Dokument die Hopi zur souveränen Nation und verlangten, aus dem Nordatlantikpakt ausgeklammert zu werden. «Wir haben von dem Atlantik-Sicherheitsvertrag gehört, der nach unseren Informationen die Vereinigten

Staaten, Kanada und sechs europäische Nationen zu einem Bündnis zusammenschließen wird, in dem ein Angriff auf ein Mitglied als Angriff auf alle betrachtet wird», schrieben sie. «Wir werden uns zu diesem Zeitpunkt nicht an irgendeine fremde Nation binden. Noch werden wir uns mit Ihnen auf ein wildes und leichtsinniges Abenteuer einlassen, das, so viel wissen wir, uns nur in einen vollständigen Untergang führen wird.»

Diese Form des Nationalismus wurde von amerikanischen Historikern weitgehend ignoriert, ebenso wie andere Formen. Selbst als der Nationalismus in weiten Teilen Afrikas, Asiens und Lateinamerikas zunahm, in Nationen, die nach Jahrzehnten der Kolonialherrschaft ihre Unabhängigkeit erklärten, schenkten Wissenschaftler in Europa und den Vereinigten Staaten dieser Entwicklung meist keine Beachtung. «Die Vernachlässigung des Nationalismus in akademischen Kreisen nach 1945 ist leicht zu erklären», sagte ein Wissenschaftler später. «Der Nationalismus wurde für den Ausbruch des Krieges 1939 verantwortlich gemacht.» *Nationalism and After* lautete der Titel der 1945 erschienenen Untersuchung des englischen Historikers E.H. Carr zum Thema, einer der frühen Ankündigungen des Endes des Nationalismus. Wegen dieses Versäumnisses waren amerikanische Intellektuelle für die Auseinandersetzung mit dem Aufruhr, den das Urteil zu *Brown v. Board of Education* nach 1954 verursachte, besonders schlecht gewappnet, als weiße Südstaatler White Citizens' Councils ins Leben riefen, die sich im Namen einer weißen Nation der Aufhebung der Rassentrennung widersetzen sollten.

Der Liberalismus im Kalten Krieg wandte sich, allen Lobreden auf amerikanische bürgerschaftliche Ideale zum Trotz, der Bürgerrechtsfrage nur verspätet und in inadäquater Form zu. Schlesinger diente dem zweimaligen demokratischen Präsidentschaftskandidaten Adlai Stevenson als Redenschreiber. In der Rede, mit der Stevenson 1956 die Nominierung zum Kandidaten annahm, forderte er ein «neues Amerika»: «Ich meine ein neues Amerika, meine Freunde, in dem die Freiheit für alle Menschen Wirklichkeit wird, unabhängig von Rasse, Religion oder wirtschaftlichen Verhältnissen. Ich meine ein neues Amerika, das unaufhörlich die uralte Vorstellung attackiert, dass Menschen ihre Differenzen beilegen können, indem sie einander töten.» Aber Stevenson, obwohl von Afroamerikanern wegen seiner Haltung in der Bürgerrechtsfrage unter Druck gesetzt, riet allenfalls zu einem schrittweisen Vorgehen. Er verlor zweimal gegen den Republikaner Dwight D. Eisenhower. 1958, in dem Jahr, in dem Earl Warren, der Oberste Richter am Supreme Court, die Staatsbürgerschaft als «das Grundrecht des Menschen» definierte, «denn sie bedeutet nicht weniger als das Recht, Rechte zu haben», sollte John F. Kennedy, ein Senator aus Massachusetts, mit einem Buch unter dem Titel *A Nation of Immigrants* seine eigene Geschichte des amerikanischen Traums vorlegen. Ein großer Teil des Buches, das eine Auftragsarbeit der Anti-Defamation League war, stammte aus der Feder eines ehemaligen

Doktoranden von Oscar Handlin. Aber Kennedys Ghostwriter ignorierte Handlins Kritik an der amerikanischen Einwanderungspolitik, und letztlich gelang es *A Nation of Immigrants* nicht, der Verschmelzung von Rasse und Nation etwas entgegenzusetzen.

Liberale Denker der Jahrhundertmitte, Autoren wie Hofstadter und Schlesinger, entwickelten ein Argument – *Das ist es, was Amerika ausmacht...* –, und sie verteidigten es. Sie legten keine Katechismen vor. Sie boten Interpretationen an, über die zu streiten sich lohnte. Aber die von diesen Männern verfassten Narrative waren keineswegs unfehlbar: Die blinden Flecke einer Historikerzunft, die sich nahezu ausschließlich aus weißen Männern zusammensetzte, sorgten dafür, dass der Blick eher verstellt als klar war. Doch selbst wenn diese Historiker und Kritiker ihre blinden Flecke hatten, und sie hatten viele, versuchten sie sich dennoch daran, eine umfassende liberale Darstellung der Geschichte der amerikanischen Nation und des amerikanischen Volkes vorzulegen, und das auf eine Art und Weise, die sich als bedeutsam, wichtig und dauerhaft und, vor allem im Kampf gegen den McCarthyismus, als bemerkenswert wirkungsmächtig erwies.

Dennoch erfassten sie niemals in vollem Umfang, wie tief die Nation gespalten war. In den 1950er Jahren riss diese Spaltung die Nation auseinander. «Wenn ich mich zwischen der Regierung der Vereinigten Staaten und Mississippi entscheiden muss, werde ich Mississippi wählen», sagte William Faulkner 1956 in einem Interview. «Jetzt versuche ich allerdings, einer solchen Entscheidung aus dem Weg zu gehen. Solange es einen Mittelweg gibt, ist alles in Ordnung. Dann werde ich den nehmen. Aber wenn es zum Kampf käme, würde ich für Mississippi gegen die Vereinigten Staaten kämpfen, selbst wenn das bedeuten würde, auf die Straße hinauszugehen und Neger zu erschießen.» Zu diesem Zeitpunkt hatte ein anderes Regime des Terrors bereits begonnen.

XIII

KANN DAS AMERIKA SEIN?

Rabbi Jacob M. Rothschild von der Hebrew Benevolent Congregation in Atlanta hielt am Freitag, dem 9.Mai 1958, eine Predigt unter der Leitfrage: «Kann das Amerika sein?» Weiße Nationalisten – Terroristen – hatten überall im Süden Kreuze verbrannt und Männer gelyncht, aber Rothschild bezog sich in seiner Predigt hauptsächlich auf die Bomben: Bündel von Dynamitstangen, die mit Zündschnüren zur Explosion gebracht wurden. Ein Bombenanschlag auf das Haus von Martin Luther King jr. misslang 1956. Allein vom März 1957 bis zum März 1958 hatten weiße Nationalisten an 47 Orten Bomben gelegt oder dies versucht – in schwarzen Kirchen, in weißen Schulen, die mit der Aufnahme schwarzer Kinder begonnen hatten, in einem Konzertsaal, in dem Louis Armstrong spielte. Die meisten dieser Bomben zielten auf Afroamerikaner. Sie waren Versuche, genau die Institutionen zu erschüttern, die Gesellschaften und Nationen zusammenhalten: Schulen, Kirchen, Zeitungen. Jeder zehnte Anschlag richtete sich gegen Juden, in Synagogen und Gemeindehäusern in Charlotte, in Nashville, in Jacksonville, in Birmingham. Im März 1958 waren etwa 20 Dynamitstangen, die in Papierkippot eingewickelt waren, in einer orthodoxen Synagoge in Miami explodiert. Der Knall der Explosion hörte sich wie ein Flugzeugabsturz an. «Unsere erste Pflicht ist, dass wir uns nicht einschüchtern lassen», sagte Rothschild in jenem Mai zu seiner Gemeinde. Fünf Monate später explodierten rund 50 Dynamitstangen in Rothschilds Synagoge, der ältesten Synagoge von Atlanta in der Peachtree Street. Die Wucht der Explosion riss ein sechs Meter breites Loch in eine Ziegelsteinmauer, ließ Säulen einstürzen und zerstörte bunte Glasfenster. «Wir zündeten eine Bombe in einer Synagoge in Atlanta», sagte ein Mann, der behauptete, für «den Konföderierten-Untergrund» zu sprechen, in einem Bekenneranruf bei der Presse an jenem Abend: «Neger und Juden werden hiermit zu Ausländern erklärt.»

Jacob Rothschild war in Pittsburgh aufgewachsen, im Stadtteil Squirrel Hill. Seine religiöse Erziehung erfuhr er im Temple Rodef Shalom, der nur wenige Häuserblocks von der Tree-of-Life-Synagoge entfernt ist, wo 2018 der 46-jährige Lastwagenfahrer Robert Bowers festgenommen wurde, nachdem er während eines Gottesdienstes elf Menschen erschossen hatte. Bowers hatte in den sozialen Medien wiederholt Geschichten über eine jüdische Hilfsorganisation gepostet, die seiner Ansicht nach Flüchtlingen half, über die Grenze zwischen Mexiko und den USA zu gelangen. Diese Gräueltat folgte auf eine Serie von Briefbomben, die an Kritiker von Präsident Trump verschickt worden waren, mutmaßlich von Cesar Sayoc jr., einem 56-jährigen Mann aus Florida, der in einem mit Trump-Aufklebern bepflasterten weißen Lieferwagen lebte. In den Tagen nach den Briefbomben und dem Massenmord verkündete Trump seine Absicht, die Staatsbürgerschaft kraft Geburt abzuschaffen und in den USA geborene Kinder von illegalen Einwanderern ohne Papiere durch eine Verfügung des Präsidenten zu Ausländern zu erklären.

Rothschild, der Liberale aus Pittsburgh, war 1946 nach Atlanta gezogen, um dort das Rabbineramt zu übernehmen, in einem Jahr, in dem in dieser Stadt eine Organisation gegründet wurde, die für die weiße Suprematie eintrat. Die Columbians, die den vom Ku-Klux-Klan erhobenen Mitgliedsbeitrag von zehn Dollar noch unterboten, stellten potenziellen Mitgliedern drei Fragen: «Hasst du Neger? Hasst du Juden? Hast du drei Dollar?» An Jom Kippur 1948 hatte Rothschild seine Gemeinde für ihr Schweigen getadelt. «Es gibt nur ein wirkliches Problem», sagte er. «Bürgerrechte.»

Das Terrorregime, das Rothschild in seiner Predigt von 1958 beklagte, hatte 1954 begonnen, nach dem Urteil des Supreme Court zu *Brown v. Board of Education,* mit dem die Rassentrennung an öffentlichen Schulen für verfassungswidrig erklärt worden war. Bürgermeister William B. Hartsfield erklärte am Ort des Bombenanschlags auf die Synagoge in Atlanta: «Jeder politische Demagoge ist der Pate dieser Kreuzeverbrenner und Dynamitbombenleger, die im Dunkeln herumschleichen und den Süden in Verruf bringen.» Präsident Eisenhower erklärte den «Konföderierten-Untergrund» zu einer Beleidigung für «den guten Namen der Konföderation». In der *Atlanta Constitution* schrieb der Kolumnist Ralph McGill, dessen Texte in einer Reihe von Zeitungen erschienen: «Natürlich sagte niemand: Lasst ein jüdisches Gotteshaus oder eine Schule hochgehen. Aber es muss klargestellt werden, dass Führungspersonen in hohen Funktionen, die, in welchem Ausmaß auch immer, der verfassungsgemäßen Autorität die Unterstützung verweigern, die Türöffner für all diejenigen sind, die Selbstjustiz ausüben wollen.» Das FBI ermittelte, und fünf Männer werden verhaftet. Der *American Nationalist*, eine Zeitung in Kalifornien, brachte einen Artikel, dessen Überschrift verkündete: «SYNAGOGENBOMBE EIN SCHWINDEL: Jüdische Gruppen nutzen Bombenanschlag, um Nichtjuden zu verwirren.» Nur ein einziger Mann, George Bright, wurde jemals vor Gericht gestellt. Er wurde freigesprochen. McGill erhielt einen Pulitzerpreis. «Wenn Sie das einen Preis nennen wollen», höhnte Bright. «Pulitzer war bloß ein Jude.»

Das amerikanische Terrorregime des 21. Jahrhunderts, sein wieder aufflammender, illiberaler Nationalismus, der Nationalismus des *American Nationalist*, begann nicht mit Trumps Wahl 2016, sondern mit Obamas Wahl 2008, dem *Brown-v.-Board*-Moment der Präsidentschaft. «Impeach Obama», war auf Schildern zu lesen, die auf Privatgrundstücken aufgestellt wurden. «Er ist verfassungswidrig.» Im März 2011 forderte Trump erstmals öffentlich, dass Obama seine Staatsangehörigkeit nachweisen solle. «Ich habe das Gefühl, dass ich etwas wirklich sehr Wichtiges erreicht habe», sagte Trump der Presse, als das Weiße Haus einen

Monat später die Geburtsurkunde des Präsidenten veröffentlichte. Elizabeth Warren, die Senatorin aus Massachusetts, ging 2018 in die gleiche Falle. Nachdem Trump sie jahrelang wegen ihres Verweises auf Cherokee-Vorfahren aufs Korn genommen hatte, ließ Warren ihre DNA analysieren. Obamas Geburtsurkunde brachte Trump nicht zum Schweigen, und mit Warrens DNA-Test verhielt es sich ebenso. Ihm ging es nur um die Bestätigung seines Rechts, die Staatsbürgerschaft kraft Geburt und die ethnische Ahnenreihe seiner politischen Gegner infrage zu stellen, und sie schienen sein Recht, solche Fragen zu stellen, anzuerkennen, indem sie die Geburtsurkunde und den DNA-Test vorlegten. In den fünf Jahren seiner Kampagne um die Aufmerksamkeit der Nation bis zur Wahl von 2016 und in den ersten Jahren seiner Amtszeit führte jeder Versuch, Trump mit Trumps Methoden zu bekämpfen, nur zu dessen Stärkung.

Rothschild predigte 1958 am Freitag nach dem Bombenanschlag zu seiner Gemeinde. Er kündigte das Thema seiner nächsten Predigt auf einer Hinweistafel am Straßenrand an, am Fuß des Hügels, auf dem die Synagoge stand. Dieses Thema hatte er dem Buch Micha entnommen: «Und niemand wird sie schrecken.» 800 Menschen zwängten sich in die von der Bombe schwer beschädigte Synagoge. «Noch nie zuvor schätzte eine Bande gewalttätiger Männer das Temperament der Ziele ihres Aktes der Einschüchterung so falsch ein», sagte Rothschild. «Denn in Wirklichkeit geschah dies: Aus der klaffenden Lücke, die die Zerstörung im Inneren offenbarte, aus den majestätischen Säulen, die jetzt zertrümmert und zerbrochen daliegen, aus den winzigen Bruchstücken herrlichen farbigen Glases, das einst die heilige Stätte selbst mit Schönheit schmückte – ja, aus den krankhaften und bösartigen Herzen brutaler Männer sind ein neuer Mut und eine neue Hoffnung entstanden.»

Mut und Hoffnung waren nicht der Sprachgebrauch von Trumps lautstärksten Gegnern. Schuldzuweisungen und Beschwerden prägten ihre Sprache, es war die Sprache der Zeit, die Grammatik von Twitter, das Idiom von Trump, der Geschmack von Galle in jedem Mund. Trumps lauteste Kritiker beantworteten Trumps Bösartigkeit mit ihrer eigenen Bösartigkeit, seine Weigerung, sich an Regeln und Normen zu halten, mit ihrer eigenen Weigerung, seine fehlende Bereitschaft, zum ganzen Land zu sprechen, mit ihrer eigenen Engstirnigkeit, die sie zur eigenen Anhängerschaft anstatt zur Nation sprechen und bei jedem Ausdruck von Liebe zum Land erbleichen ließ.

Aber der Gewalt und Boshaftigkeit von geistig verwirrten und zerrütteten Menschen kann man nur mit Grundsätzen, innerer Stärke und glaubwürdigen Mitteln begegnen. Zu dieser inneren Stärke gehören auch Appelle an nationale Ziele und das Plädoyer für die Nation.

Rothschild stellte einst Martin Luther King jr. bei einem Bankett in Chicago vor. Er sagte, King sei mit «wildem Donner» empfangen worden. In den 1960er Jahren bezog sich King auf Lincolns Ansprache in Gettysburg. Er berief sich auf die von Frederick Douglass geprägte Tradition und forderte eine zusammengesetzte Nation. Er zitierte das Wort vom «amerikanischen Traum» aus James Truslow Adams' *Epic of America*. 1962 sprach King in der Emanuel African Methodist Episcopal Church in Charleston, South Carolina, wo er eine Kundgebung für das Wahlrecht leitete, um «den amerikanischen Traum Wirklichkeit werden» zu lassen. 2015 sollte ein 21 Jahre alter weißer Mann namens Dylann Roof dieselbe Kirche betreten und dort neun Menschen erschießen. Roof, ein bekennender Verfechter der weißen Vorherrschaft, der sich selbst mit Requisiten der Konföderation fotografierte, sagte, er wolle einen neuen Bürgerkrieg auslösen.

Die Schießereien und Bombenanschläge in Atlanta 1958, in Charleston 2015 und in Pittsburgh 2018 zeugten vom Fortbestehen des Rassenhasses. Aber die Reaktionen auf diese Taten zeugten auch von der Stärke anderer Formen der Zugehörigkeit. Beim Marsch auf Washington 1963, mit dem an den 100. Jahrestag der Emanzipationserklärung erinnert wurde, hatte King gesagt: «Ich habe einen Traum, dass diese Nation eines Tages aufstehen und nach dem echten Sinn ihres Glaubensbekenntnisses leben wird: ‹Wir halten es für eine selbstverständliche Wahrheit, dass alle Menschen gleich geschaffen sind.›» Niemals sprach King mit mehr Donner als bei der Ansprache, die seine letzte Predigt an Heiligabend sein sollte, 1967, in der Ebenezer Baptist Church in Atlanta, nicht weit entfernt von Rothschilds Synagoge. «Wenn wir keinen guten Willen gegenüber den Menschen in dieser Welt haben, werden wir uns selbst zerstören», sagte King an jenem Tag. «Es hat schon immer Leute gegeben, die behaupteten, dass der Zweck die Mittel heilige, dass die Mittel eigentlich nicht wichtig seien. Aber wir werden so lange keinen Frieden in der Welt haben, bis die Menschen überall erkennen, dass die Zwecke nicht von den Mitteln unabhängig sind, weil die Mittel für das im Werden begriffene Ideal stehen, für das Ziel, an dem gearbeitet wird, und letztlich kann man durch böse Mittel keine guten Zwecke erreichen, weil die Mittel für den Samen stehen und der Zweck für den Baum.» Ein weiterer Baum war gefällt worden. Ein neuer Samen musste ausgebracht werden.

XIV

DAS ENDE
DES LIBERALISMUS?

Die letzte beste Geschichte der Vereinigten Staaten in einem Band, die im 20. Jahrhundert erschien, wurde 1959 von Carl Degler geschrieben. *Out of Our Past: The Forces That Shaped Modern America,* ein fantastischer, schwungvoller Bericht, der, stark von Du Bois beeinflusst, die Themen Rasse, Sklaverei, Rassentrennung und Bürgerrechte ins Zentrum der Handlung rückt, neben die Themen Freiheit, Rechte, Revolution, Freiheit und Gleichheit, war Deglers erstes Buch. (Es stieß an viele Grenzen. Beispielsweise werden, wie Degler eingestand, «die amerikanischen Indianer nicht erwähnt».) Es war außerdem das letzte Buch dieser Art.

Während noch im 19. Jahrhundert die Liebe zur Nation amerikanische Historiker zum Studium der Vergangenheit angetrieben hatte, brachte in der zweiten Hälfte des 20. Jahrhunderts der Hass auf den Nationalismus amerikanische Historiker von ihr ab. Dass der Nationalismus eine Erfindung ist, ein Artefakt, eine Fiktion, war schon seit langem klar gewesen. Nach dem Zweiten Weltkrieg, selbst nachdem Roosevelt daran mitgewirkt hatte, das zu erschaffen, was dann als liberale Weltordnung bezeichnet wurde, begannen Internationalisten das Ende des Nationalstaates vorherzusagen. Der Harvard-Politologe Rupert Emerson erklärte, «dass die Nation und der Nationalstaat im Atomzeitalter Anachronismen sind». In den 1960er Jahren, einer Ära, die von einer zunehmenden Welle des Antiamerikanismus gekennzeichnet war, wirkte der Nationalstaat eher wie etwas noch Schlimmeres als nur ein bloßer Anachronismus.

«Wir haben nicht einmal ein Land», sagte ein junger schwarzer Mann 1963 in San Francisco zu James Baldwin. «Ich stelle Amerika infrage», sagte die führende Bürgerrechtlerin Fannie Lou Hamer beim Nationalkonvent der Demokratischen Partei und forderte damit das Akkreditierungskomitee auf, der Delegation der Mississippi Freedom Democratic Party Sitz und Stimme bei dieser Versammlung zu geben. Der Liberalismus konnte die Kritik an der Nation nicht im Zaum halten, die von der Bürgerrechtsbewegung verlangt wurde. «Ist das Amerika», fragte Hamer, «wenn wir vor dem Schlafengehen den Hörer neben das Telefon legen müssen, weil wir täglich Morddrohungen erhalten, weil wir wie anständige Menschen leben wollen – in Amerika?» Nachdem weiße Liberale es jahrzehntelang versäumt hatten, die Rassenfrage anzugehen, erlebte der schwarze Nationalismus einen enormen Zulauf. «Ich bin kein Demokrat. Ich bin kein Republikaner, und ich betrachte mich selbst nicht einmal als Amerikaner», sagte Malcolm X 1964, einen Monat, nachdem er die Nation of

Islam verlassen hatte. «Wenn Sie und ich Amerikaner wären, gäbe es kein Problem. Diese Weißen, die eben erst mit dem Schiff angekommen sind, sie sind schon Amerikaner; Polacken sind schon Amerikaner; die italienischen Flüchtlinge sind schon Amerikaner. Alles, was aus Europa kam, jedes blauäugige Wesen, ist schon Amerikaner. Und wie lange auch immer Sie und ich hier schon gelebt haben, wir sind noch keine Amerikaner.»

Aktivisten für die Rechte der Indianer, die ihre eigenen Ziele von denen der Bürgerrechtsbewegung trennten, übten weiterhin Druck für ein erweitertes Verständnis aus, das mehr als nur eine Auffassung dessen, was eine Nation ausmacht, zulässt und andere Formen der Zugehörigkeit neben der Assimilation. Der Standing Rock Sioux Vine Deloria jr., der neue Vorsitzende des National Congress of American Indians, sprach 1965 vor einem Ausschuss des Senats, der über die Frage verfassungsmäßiger Rechte und indigener Völker beriet. «Diese Organisation, die ich leite, wird wie eine Art Miniaturausgabe der Vereinten Nationen geführt, bei der alle Beteiligten einen Schuh ausziehen und damit auf den Tisch hämmern», sagte er, den Vergleich weiter bemühend. «Wir verlangen nichts anderes als Gerechtigkeit, die Zustimmung der Regierten, Zeit, um das zu entwickeln, was unserer Auffassung nach auf unsere Art entwickelt werden sollte.»

Im gleichen Jahr, im Schatten der Freiheitsstatue auf Liberty Island, unterzeichnete Lyndon Johnson den Immigration and Nationality Act von 1965. Er hatte verkündet, dass «eine Nation, die von Einwanderern aus allen Ländern aufgebaut wurde, diejenigen, die heute um Einlass bitten, fragen kann: ‹Was können Sie für unser Land tun?› Aber wir sollten nicht fragen: ‹In welchem Land wurden Sie geboren?›»

Der Immigration Act von 1965 folgte unmittelbar auf den Civil Rights Act von 1964 und den Voting Rights Act von 1965, mit denen sich die Absicht verband, die Versprechen des 14. und 15. Zusatzartikels einzulösen. Das neue Einwanderungsgesetz schaffte das mit dem Immigration Act von 1924 eingeführte und mit der nationalen Herkunft verbundene Quotensystem ab und ersetzte es durch eine Einheitsquote von maximal 20 000 Einwanderern pro Land und Jahr, wobei zugleich eine Höchstzahl von 170 000 Einwanderern pro Jahr aus der östlichen und später von 120 000 Einwanderern aus der westlichen Hemisphäre festgeschrieben wurde; das Gesetz erweiterte den Grundsatz der politischen Gleichheit von Staatsbürgern auf Einwanderer. «Es korrigiert ein grausames und bis jetzt bestehendes Unrecht im Verhalten der amerikanischen Nation», sagte Johnson.

Der Immigration Act markierte eine kurze Wiedervereinigung von Liberalismus und Nationalismus in der Jahrhundertmitte. Er repräsentierte den Höhepunkt jahrzehntelangen Drucks für die Abschaffung einer Regelung, die unter anderem dazu geführt hatte, dass die Vereinigten Staaten ihre Tore für die Juden geschlossen hielten, die vor der mörderischen Verfolgung durch das NS-Regime flohen, ebenso wie vor den Millionen von Europäern, die während und nach dem Zweiten Weltkrieg ihre Heimat verloren. Organisierte Bemühungen zur Abschaffung des Gesetzes von 1924 hatten 1952 mit der Einsetzung eines Ausschusses für Einwanderung und Einbürgerung (Committee on Immigration and Naturalization) durch Truman begonnen. Senator Herbert Lehman aus New York (dem Oscar Handlin als Berater diente) sagte vor dem Ausschuss, dass das auf nationaler Herkunft beruhende Quotensystem «auf denselben diskreditierten Rassetheorien beruht, aus denen Adolf Hitler die berüchtigten Nürnberger Gesetze entwickelte. … Es ist die vollständige Verneinung des Amerikanismus.» Zuvor – und vor allem in einem 1947 erschienenen Essay mit dem Titel «Democracy Needs the Open Door» – hatte Handlin für eine unbegrenzte Einwanderung plädiert. Aber die meisten Liberalen, die für den Immigration Act von 1965 kämpften, stellten den Gedanken der Beschränkung der Einwanderung nicht länger infrage, wie die Historikerin Mae Ngai gezeigt hat; sie veränderten nur die Art und Weise, wie die Einschränkung funktionierte. Sie gingen mit dem Gedanken einer Beschränkung der Einwanderung um, als handelte es sich dabei um eine zeitlose amerikanische Tradition, aber in Wirklichkeit war sie, wie die Regelung, die sich auf die nationale Herkunft bezog, gerade mal 40 Jahre alt.

Ein liberaler Traum von einem besseren Amerika scheiterte an Johnsons Festlegung auf einen Krieg in Vietnam, der das Land spaltete und eine politische Polarisierung in

Gang brachte, die den Liberalismus schwächte, indem sie den Aufstieg einer Neuen Linken wie auch einer Neuen Rechten förderte. «Die Macht neigt dazu, sich selbst mit der Tugend zu verwechseln, und eine große Nation ist besonders empfänglich für den Gedanken, dass Macht ein Zeichen für Gottes Gunst ist, die ihr eine besondere Verantwortung für andere Nationen auferlegt», schrieb Senator J. William Fulbright 1966. Das Grauen in Vietnam und die Brutalität der Angriffe auf Bürgerrechtsaktivisten und Einrichtungen von Afroamerikanern, zu denen auch Bombenanschläge auf Kirchen und die Ermordung von kleinen Mädchen zählten, belasteten das Wesen der amerikanischen Nation mit Zweifeln. Dasselbe galt für die amerikanische Geschichte. Vine Deloria jr. schrieb 1971: «Weiße Bürger, denen die zunehmende Brutalität der amerikanischen Streitkräfte in Südostasien Sorgen bereitet, sollten über die Geschichte der Indianerkriege nachdenken und ihren unerschütterlichen Glauben überprüfen, dass Amerika immer mit dem Verteilen von Schokoriegeln an die Kinder seiner Opfer beschäftigt ist.» Mit derselben Geisteshaltung betrachteten amerikanische Historiker an den Universitäten diese Indianerkriege wie auch die Geschichte der Sklaverei und der Rassentrennung und riefen dazu auf, das Studium der Nation einzustellen. Sie taten das teilweise auch aus Angst vor Komplizenschaft – Komplizenschaft mit den Gräueltaten der US-Außenpolitik und Komplizenschaft mit gesetzlich legitimierter politischer Unterdrückung im eigenen Land. Wenn Nationalismus ein pathologisches

Verhalten war, so funktionierte die Denkweise, dann war das Verfassen von Geschichten der Nation eines seiner Symptome.

Der Tod des Nationalismus war spätestens seit der Gründung des Völkerbundes im Jahr 1918 der Traum der Internationalisten gewesen. Ein halbes Jahrhundert nach dieser Gründung wirkte der Traum auf manche Menschen allmählich wie eine reale Möglichkeit. Die Foreign Policy Association war 1918 gegründet worden, um den Internationalismus voranzubringen, der vom Völkerbund repräsentiert wurde. 1968 veröffentlichte die Vereinigung aus Anlass des 50. Jahrestages ihrer Gründung eine Sammlung von Essays unter dem Titel *Toward the Year 2018*, ein Buch mit Vorhersagen zum mutmaßlichen Zustand der Welt in 50 Jahren. In dieser Aufsatzsammlung prophezeite der MIT-Politologe Ithiel de Sola Pool, da «bessere Kommunikation, einfachere Übersetzung und ein größeres Verständnis des Wesens menschlicher Motive es unter den Menschen üblich machen wird, von Mensch zu Mensch aufeinander zu reagieren, über ethnische und nationale Grenzen hinweg», scheine eine Entwicklung nahezu unvermeidlich zu sein: «das Schwinden des Nationalismus».

Aber es war noch etwas anderes im Gange. Das Studium der Nationalgeschichte fiel in den 1960er Jahren innerhalb der Historikerzunft genau zu dem Zeitpunkt in Ungnade, als erstmals eine erhebliche Zahl von Frauen und Farbigen mit ihrer Promotion begann. Diese Wissenschaftlergeneration betrieb das Studium der Geschichte aus einem völlig anderen Blickwinkel, aus der Perspektive von Menschen, denen die politische Gleichberechtigung jahrhundertelang versagt geblieben und deren Beziehung zum Nationalstaat und vor allem zum Nationalismus von Anfang an schwierig gewesen war. James Baldwin stellte 1962 fest: «Schwarze Amerikaner haben den großen Vorteil, nie an die gesammelten Mythen geglaubt zu haben, an die sich weiße Amerikaner klammern: dass ihre Vorfahren allesamt freiheitsliebende Helden waren, dass sie im großartigsten Land geboren wurden, das die Welt je gesehen hat, dass Amerikaner im Kampf unschlagbar und im Frieden weise sind.» Baldwin rief zu einer ehrlichen Bilanz auf. Dasselbe tat Rodolfo Gonzales, ein Anführer der Chicano-Bewegung, der 1969 einen Schulboykott an einer Highschool in Denver leitete, als Protest gegen eine ungleiche Behandlung und die Nichtberücksichtigung mexikanisch-amerikanischer Geschichte im Unterricht zur Geschichte der Nation. Gonzales forderte, dass «in allen Schulen dieser Stadt auch die Geschichte unseres Volkes, unserer Kultur und Sprache und unserer Beiträge zu diesem Land gelehrt wird». Dasselbe tat auch Vine Deloria jr., vor allem in seinem zum Bestseller gewordenen Manifest *Custer Died for Your Sins,* das 1969 erschien, in dem Jahr, in dem die Indians of All Tribes mit einer fast 19 Monate andauernden Protestaktion auf der Insel Alcatraz begannen. Dasselbe taten auch Wissenschaftlerinnen, die sich mit der Geschichte der Frauen beschäftigten, und Aktivisten für die Rechte von Homosexuellen. Und jetzt meldeten sich auch die lange Zeit zum Schweigen gebrachten Stimmen aus den Archiven der amerikanischen Geschichte zu Wort.

Ab den 1970er Jahren erforschte eine neue Generation akademischer Historiker entweder die Erfahrungen der zahlreichen Menschen und Völker, die in früheren amerikanischen Geschichtserzählungen weggelassen worden waren – es war eine wissenschaftliche Arbeit, die sich aus jahrzehntelangen Kämpfen um politische Gleichberechtigung entwickelte und diese auch weiterführte –, oder sie nahm den allumfassenden Blickwinkel ein, den die Weltgeschichte versprach, die im Zeitalter des globalen Klimawandels mit einer ganz eigenen Dringlichkeit verbunden war. Diese Ansätze brachten grundlegende, weiterführende und stimulierende Forschungsergebnisse hervor.

Die amerikanische Geschichtswissenschaft erlebte eine Wissensexplosion und wurde dabei unendlich reicher und differenzierter. Degler, ein weißer Mann, der einer der beiden männlichen Mitgründer der National Organization for Women war, schrieb über Frauen und über die Rassenfrage – er wurde 1972 für sein Buch *Neither Black nor White* mit dem Pulitzerpreis ausgezeichnet –, aber die meisten Historiker, die über die Rassenfrage schrieben, waren keine Weißen, und die meisten Historiker, die über Frauen schrieben, waren keine Männer. Die amerikanische Geschichtswissenschaft durchlebte nun auch eine stärkere Fraktionierung, wurde theoretischer, abstrakter und obskurer. Amerikanische Historiker beschäftigten sich zwar weiterhin mit den Vereinigten Staaten, aber ihre Werke schrieben sie, nach einer Einschätzung John Highams von 1994, «nicht über die Vereinigten Staaten, sondern bloß in den Vereinigten Staaten». Vier Jahre später sollte Janice Radway, die Präsidentin der American Studies Association, die «Vorstellung von einem fest umrissenen nationalen Territorium und einer damit einhergehenden nationalen Identität, die sich in entsprechender Form daraus ableitet», infrage stellen und sich zugleich fragen, ob «die Beibehaltung des besonderen Namens ‹American› in der Bezeichnung des Arbeitsgebiets und im Namen der Vereinigung selbst weiterhin heimlich dazu beiträgt, dass die Vorstellung, ein solches Ganzes existiere, fortbesteht».

Aber selbst wenn die American Studies nicht weiter zu existieren schienen, gab es die Vereinigten Staaten immer noch. Und sie durchlebten einen dramatischen Wandel. Der Immigration Act von 1965 öffnete Amerikas Grenzen wieder. Von 1931 bis 1965 kamen fünfeinhalb Millionen Einwanderer in die Vereinigten Staaten; allein in den 1990er Jahren kamen mehr als neun Millionen. Noch 1970 waren weniger als fünf Prozent der US-Bevölkerung im Ausland geboren worden, im Jahr 2000 sollten es bereits elf Prozent sein. Diese Quote war geringer als in der Zeit vor dem Ersten Weltkrieg, als der Anteil der im Ausland geborenen Bürger der Vereinigten Staaten die 14-Prozent-Marke erreichte. Aber sie war immer noch höher, als sie in der Lebenszeit der meisten US-Bürger gewesen war. Die aktuellen Einwanderer kamen, im Unterschied zu früheren Einwandererwellen, mehrheitlich aus Asien und Lateinamerika.

Die Einwanderer aus Asien sollten 1971 zahlreicher sein als die Neuankömmlinge aus Europa. Die amerikanische Bevölkerung asiatischer Herkunft in den Vereinigten Staaten hatte 1965 noch knapp über eine Million Menschen gezählt, aber bis zum Jahr 2000 war ihre Zahl auf über zehn Millionen angewachsen. Und der Immigration Act von 1965 hatte, wie bereits der 1924 beschlossene National Origins Act, ungewöhnliche Konsequenzen für Einwanderer aus Mexiko. Die Vereinigten Staaten beendeten 1964 das Bracero-Programm, mit dem rund 4,5 Millionen mexikanische Männer als Gastarbeiter aus Mexiko in die Vereinigten Staaten gekommen waren. Mexikanische Einwanderer, die vom Quotensystem des Gesetzes von 1924 ausgenommen gewesen waren, fielen jetzt unter eine zahlenmäßige Begrenzung, eine Höchstzahl von 20 000 Einwanderern pro Jahr, was zu einem 40-prozentigen Rückgang von legaler Einwanderung aus Mexiko führte. Millionen von Mexikanern kamen weiterhin für eine zeitlich begrenzte Arbeit über die Grenze, aber jetzt taten sie das ohne Papiere und sahen sich nicht mehr in der Lage, die Grenze in beide Richtungen mühelos zu überqueren. Von 1965 bis 1986 kamen nach Schätzungen rund 28 Millionen Mexikaner ohne Papiere in die USA und gehörten dabei, wie viele von ihnen sagten, «weder hiernoch dorthin» («ni de aquí ni de allá»). Ein Immigration Reform and Control Act von 1986 bahnte vielen Einwanderern ohne Papiere einen Weg zum Erwerb der Staatsbürgerschaft, erschwerte aber zugleich das ungehinderte Hin- und Herwechseln über die Grenze ohne Ausweis, so dass

Millionen von Einwanderern ohne gültige Dokumente, die inzwischen Familien gegründet hatten, in den Vereinigten Staaten – die sie als «goldenen Käfig» («jaula de oro») bezeichneten – nahezu in der Falle saßen.

Der Konservatismus wurde in der Zeit von 1965 bis 2000 zur dominierenden Kraft in der amerikanischen Politik. Konservative attackierten den Liberalismus, sie attackierten die Presse, sie attackierten die universitäre Wissenschaft. Sie übernahmen die Republikanische Partei, sicherten sich das Weiße Haus und die Mehrheit im Kongress wie auch im Supreme Court. Die meisten Republikaner waren keine Nationalisten, sie lehnten den Nationalismus strikt ab. Aber Trump war ein bekennender Nationalist. Liberale und die Linke boten Antworten an, aber nur wenige davon berücksichtigten die Nation als ausdrücklich so benannte Nation.

Als Degler sich 1986 von seinem Platz erhob, um vor der American Historical Association seine Präsidentenrede zu halten, schrieb kaum jemand in den Reihen der akademischen Historikerzunft noch über nationale Geschichte oder hielt ein Plädoyer für die Nation. Degler hatte nicht mehr viel Geduld mit diesem Zustand. Noch, so vermute ich, hatte er viel Geduld mit Francis Fukuyamas 1989 erschienenem Aufsatz «The End of History?» Später, nach dem Beginn des Bürgerkriegs in Bosnien, verkündete der Sozialphilosoph Michael Walzer grimmig: «Die Stämme sind wieder da.» Doch sie waren nie fort gewesen. Die Historiker hatten nur größere Mühe damit, sie in den Blick zu bekommen, weil sie gar nicht mehr ernsthaft hinsahen.

136

XV

DIE RÜCKKEHR
DES NATIONALISMUS

Wer sagt, dass der Gang der Ereignisse die Vorhersagen zum Tod des Nationalismus nicht bestätigte, bringt die Schreie von Millionen zum Verstummen. Die Ereignisse zerhackten solche Vorhersagen mit einer Machete; sie überrollten sie mit Panzern; sie verbrannten sie mit Fackeln. «Wie sehr wie uns irrten, haben wir bald erfahren», schrieb Michael Ignatieff in seinem klagenden Buch *Reisen in den neuen Nationalismus*, das 1993 in einer Zeit erschien, in der bosnische Muslime sich einem Krieg der «ethnischen Säuberungen» ausgesetzt sahen, der zur Vertreibung von mehr als zwei Millionen Menschen aus ihren Heimatorten führte und zu dessen Gräueltaten auch die Vergewaltigung von 50000 Frauen zählte. «Leichtfertig und unbekümmert haben wir geglaubt, dass die Welt sich unwiderruflich von jeglichem Nationalismus und Stammesdenken wegbewege, weg von diesen provinziellen Beschränkungen, die uns von unseren Ausweispapieren auferlegt werden, und hin zu einer Kultur eines globalen Marktes, der unsere neue Heimat sein würde», schrieb Ignatieff. «Im Nachhinein betrachtet, haben wir in der Dunkelheit gepfiffen. Das Unterdrückte ist zurückgekehrt, und sein Name ist Nationalismus. »

1994, im Jahr des NAFTA-Abkommens (North American Free Trade Agreement), einem Jahr, in dem auf den Straßen Ruandas Ströme von Blut in einem Krieg flossen, in dem bis zu eine Million Ruander getötet, zwei Millionen zu Flüchtlingen und weitere eineinhalb Millionen vertrieben wurden, sollte der Historiker Tony Judt fragen: «Wer glaubt heute noch an die idyllischen Zukunftsaussichten, die uns Ende der Achtzigerjahre vor Augen standen, an den Traum von einem wohlhabenden, geeinten (West-) Europa ohne Grenzen, Reisepässe und Konflikte?» Niemand mehr. Mit einer merkwürdigen Ausnahme in den 1990er Jahren, den blauäugigen Befürwortern des Internets. Die Zeitschrift *Wired* verkündete im Frühjahr 2000, dass «Parteigebundenheit, Religion, Geografie, Rasse, Geschlecht und andere traditionell trennende politische Faktoren Platz machen für einen neuen Standard – Wiredness (Vernetztsein) – als Organisationsprinzip für politische und soziale Haltungen». Die Zeitschriftenmacher fanden schon bald heraus, wie sehr sie sich damit irrten.

Über die Vereinigten Staaten, von denen manche dachten, dort habe es noch niemals einen Nationalismus gegeben, wurde jetzt behauptet, sie seien über den Nationalismus hinausgelangt. Eine Politik der Identität ersetzte jetzt eine Politik der Nationalität. Letztlich unterschieden sie sich nicht sehr stark voneinander. Die Identitätspolitik sorgte auch nicht dafür, dass eine neue Generation von Intellektuellen sich dem Studium der Nation widmete oder eine neue Generation von Amerikanern zu einem umfassenderen Verständnis des Amerikanismus gelangte.

Viele indigene Völker hielten dagegen unablässig das Plädoyer für die Nation. Sie entwickelten eine neue Vorstellung vom Nationalstaat. Sie bauten indigene Nationen auf. Sie sagten sich von einer Nationalität der Blutsverwandtschaft los. In einer Ära des rapiden Aufschwungs eines amerikanischen Blut-und-Boden-Nationalismus distanzierten sich indigene Nationen wie etwa die Osage, die eine jahrhundertelang geübte Messmethode rassischer Zugehörigkeit ablehnten, die vorgab, «Reinblütigkeit», «Halbblut» und «gemischtes Blut» nachweisen zu können, in aller Form von der Bestimmung eines «Blutanteils» als Voraussetzung für die Zugehörigkeit zur Nation.

Wer gehört zu einer Nation? Wer entscheidet darüber? Der Philosoph Kwame Anthony Appiah schrieb 1997: «Das System von Staaten bringt es mit sich, dass alle Individuen dieser Welt, ob es ihnen nun gefällt oder nicht, sich genötigt sehen, die politischen Verhältnisse ihres Geburtsorts zu akzeptieren – so unvereinbar diese Verhältnisse auch mit ihren eigenen Grundsätzen oder Ambitionen sein mögen –, solange sie niemand anderen davon überzeugen können, sie hereinzulassen.» Die Zeit für ein neuerliches Nachdenken über das Wesen von Grenzen und – ganz besonders – über deren Geschichte war gekommen. Nach Appiahs Einschätzung lautete die Frage, die es zu stellen galt, nicht, wie die Gründer der Vereinigten Staaten über diese Themen dachten, sondern ob sie mit ihrem Denken Recht hatten. «Wenn sie Recht hatten, können wir ihnen zustimmen; wenn sie sich irrten, müssen wir sie ablehnen. Mit Sicherheit kommt es darauf an, was richtig ist.»

In einem neuerdings konservativen Land stand die Einwanderungsfrage im Zentrum der amerikanischen Politik. In den 1990er Jahren wurde die Debatte über die Einwanderung so intensiv geführt wie die Auseinandersetzung, die in den 1910er und 1920er Jahren getobt hatte. Die Zahl der Einwanderer, die ohne Ausweispapiere aus Mexiko in die Vereinigten Staaten kamen, wuchs von rund einer Million im Jahr 1988 bis 2008 auf über sechseinhalb Millionen an. Die Grenze zwischen den USA und Mexiko wurde durch die Operation Blockade in Texas 1993 und die Operation Gatekeeper 1994 in Kalifornien zunehmend militarisiert und auch gefährlicher. Der Vorsitzende eines Kongressausschusses zur Reform der Einwanderung sagte 1997, bei der Einwanderungsfrage gehe es «darum, wer und was wir als Nation sind», eine gängige Litanei. Nur wenige hatten Antworten darauf. Aber die Einwanderungsfrage wurde in zunehmendem Maß zu dem Problem, um das sich die amerikanische Politik drehte. Von 2005 bis 2013 kam im Durchschnitt mindestens eine Person täglich bei dem Versuch, von Mexiko aus in die Vereinigten Staaten zu gelangen, ums Leben.

Das Ende des Kalten Krieges beseitigte den Nationalismus nicht. Der weltweite Handel beseitigte den Nationalismus nicht. Das Internet beseitigte den Nationalismus nicht.

Vielmehr war es wohl so, dass all diese Entwicklungen den Nationalismus nur noch weiter schürten. Und ebenso wirkten in den Vereinigten Staaten die Anschläge vom 11. September 2001. Am darauffolgenden Tag verkündete Präsident George W. Bush den Beginn eines «monumentalen Kampfes des Guten gegen das Böse». Nach den Anschlägen äußerte sich ein großer Teil der Linken mit tiefer Verachtung über einen erneuerten Geist des Patriotismus. «Der Globus, nicht die Flagge, ist das Symbol, das jetzt gefragt ist», schrieb Katha Pollitt in *The Nation*.

Aber wie stand es um die Zukunft der Nation? In seinem Buch *Liberal Nationalism* schrieb Yael Tamir, ein politischer Philosoph, Friedensaktivist und ehemaliger israelischer Minister für die Aufnahme von Einwanderern, dass «die liberale Tradition, mit ihrem Respekt vor der Autonomie der Person, dem Nachdenken und der freien Entscheidung, und die nationale Tradition mit ihrer besonderen Betonung von Zugehörigkeit, Loyalität und Solidarität, sich tatsächlich aufeinander einstellen können, obwohl sie allgemein als miteinander unvereinbar gelten». Sehr viele politische Denker und Historiker empfanden diese Argumentation als nicht überzeugend. Die Politologin Judith Shklar, die im Kindesalter vor den deutschen Invasionstruppen aus Riga geflohen war, zählt zu den vielen wissenschaftlichen Kommentatoren, die einen liberalen Nationalismus für ein Oxymoron hielten, obwohl sie die Tugend anerkannte, die sie als «maßvollen Patriotismus» empfand. Die Philosophin Martha Nussbaum bezeichnete den Patriotismus als «moralisch gefährlich». Tony Judt, ein in England geborener Historiker, der an der New York University lehrte und früher einmal Zionist gewesen war, verehrte die Idee eines liberalen Nationalismus, glaubte aber, dass es sich dabei eigentlich um nicht mehr als ein bloßes Gedankenexperiment handelte. Eine wohlmeinende Person könne sich so etwas vorstellen, räumte er ein, aber niemand könne auf irgendeinen Ort auf der Landkarte zeigen, wo es so etwas wirklich gebe. Und als bloßes Gedankenexperiment empfand er die Idee als töricht. «Wenn wir keine bereits bestehende Grundlage für die Vorstellung von einer Welt haben, die so aufgeteilt ist, wie es die unsere ist, würden wir uns wirklich solche Aufteilungen ausdenken – so liberal sie auch ausfallen mögen –, als bestmögliche Vorgehensweise?»

Judt hatte möglicherweise Recht. Würden Nationalstaaten nicht bereits existieren, wäre ihre Erfindung wohl keine besonders großartige Idee. Aber sie existieren nun einmal. Es nützt nichts, so zu tun, als würden die Menschen nicht in Nationen leben, oder als sei das Zeitalter des Nationalstaats vorüber oder stünde kurz vor dem Ende. Genauso wenig nützt es, so zu tun, als wären Nationen fehlerlos oder unbezwingbare Festungen oder zur Größe bestimmt. Nationalstaaten sind Menschen mit einer gemeinsamen – oft mythisch verklärten – Vergangenheit, die in Form eines Staates unter der Herrschaft einer Regierung leben. Liberale Nationen sind von Menschen geprägt, die sich selbst als individuell politisch Gleichberechtigte verstehen, wobei jeder Einzelne mit dem gleichen Recht auf Beteiligung am

Regierungssystem ausgestattet ist. Indem man nun so tut, als seien Nationen mehr oder weniger als diese Dinge, wird nichts weiter erreicht als Selbsttäuschung oder die Weitergabe von Elend. Ob Nationen liberal bleiben können, hängt von der Wiedergewinnung eines vielfältigen Verständnisses dessen ab, was es bedeutet, einer Nation anzugehören und eine Nation sogar zu lieben, den Ort, die Menschen und die Idee selbst.

Im Verlauf der amerikanischen Geschichte sind Liberale immer und immer wieder daran gescheitert, den Illiberalismus zu besiegen, es sei denn, sie appellierten an nationale Ziele und Zwecke. Michael Kazins 2002 leidenschaftlich vorgetragenes Argument lautete: «Nachdem die Linke sich vom Patriotismus losgesagt hatte, verlor sie die Fähigkeit, der ganzen Nation überzeugende Alternativen vorzustellen.» Appelle an den Nationalismus sind gefährlich. Aber gar nicht über die Nation nachzudenken und überhaupt nichts aus dem zu lernen, was all die Menschen in den Vereinigten Staaten über die Nation gedacht haben, ist gefährlicher. Das Schreiben einer Nationalgeschichte schafft viele Probleme. Wird jedoch keine Nationalgeschichte geschrieben, schafft das noch mehr Probleme, und diese Probleme sind schlimmer.

In den Jahrzehnten, in denen viele seriöse amerikanische Historiker keine Nationalgeschichte mehr schrieben, den Patriotismus verachteten und die Verteidigung amerikanischer bürgerschaftlicher Ideale aufgaben, lasen diejenigen Amerikaner, die sich für eine nationale Geschichtserzählung interessierten, andere Arten von Büchern. Lynne Cheney, die Frau des damaligen Vizepräsidenten, brachte 2005 ein Buch heraus, in dem sie Datumsangaben zusammenstellte, die «unsere nationale Geschichte umfassen». Das 1981 von einem Anhänger der John Birch Society namens W. Cleon Skousen verfasste Buch *The 5000 Year Leap: 28 Great Ideas That Changed the World* wurde 2009 wiederveröffentlicht, und der Fox-News-Moderator Glenn Beck steuerte ein Vorwort bei; von diesem Buch wurden allein in der ersten Hälfte jenes Jahres, zu Beginn von Barack Obamas erster Amtszeit, mehr als 250000 Exemplare verkauft. Bill O'Reilly von Fox News schrieb ab 2011 Bücher über die Geschichte der USA und begann mit *Killing Lincoln,* einem Buch, in dem er die Geschichte der Nation als Blutbad erzählte. Nach *Killing Lincoln* schrieb er weitere «Killing»-Bücher über Menschen, die in Wirklichkeit gar nicht getötet wurden. «O'Reillys gewaltige Nachlässigkeit beschmutzt die Geschichte und erniedrigt die Zunft des Historikers», schrieb der konservative Kolumnist George F. Will 2015 in der *Washington Post.* Aber zu diesem Zeitpunkt waren von O'Reillys Geschichtsbüchern bereits 6,8 Millionen Exemplare verkauft worden. Donald Trumps ehemaliger Chefstratege Steve Bannon bewunderte eine 1997 unter dem Titel *The Fourth Turning: An American Prophecy* erschienene Dystopie von William Strauss und Neil Howe. «Dieses Buch macht aus der Geschichte eine Prophezeiung», prahlten die Autoren. Was verhieß diese Prophezeiung? Die vierte Wendung «könnte das Ende des Menschen» oder «das Ende der

Moderne» markieren, oder sie «könnte die Moderne verschonen, aber das Ende unserer Nation markieren», oder sie «könnte Amerika und die Welt als sehr viel besseren Ort vorfinden». Bannon machte 2010 aus dem Buch einen Dokumentarfilm, in dem er eine umfassende linksextreme Verschwörung zur Zerstörung des Kapitalismus beschrieb. Der Film endete mit einem Zitat aus dem Buch, mit der Warnung, dass «die Geschichte in Jahreszeiten aufgeteilt ist, und der Winter steht bevor».

Es kam ein Winter anderer Art. Trump forderte die Veröffentlichung von Obamas Geburtsurkunde. Er startete seinen Wahlkampf 2015 mit dem Versprechen, an der Grenze der USA zu Mexiko eine Mauer zu bauen, und das zu einer Zeit, in der mehr Mexikaner aus den Vereinigten Staaten nach Mexiko zurückkehrten, als Neuzuwanderer ins Land kamen; die Nettobilanz der Migration war negativ. (Seit 2007 war die Zahl der mexikanischen Migranten ohne Papiere um mehr als 75 Prozent zurückgegangen. Und trotz der Zunahme der aus Mittelamerika kommenden Migranten war die Gesamtzahl der Festnahmen durch Grenzpatrouillen auf den zweitniedrigsten Stand in einem Zeitraum von mehr als vier Jahrzehnten gefallen.) Nur wenige Tage nach seinem Amtsantritt genehmigte Trump die Fertigstellung der Dakota Access Pipeline und wischte alle indigenen Ansprüche auf Souveränität beiseite. Außerdem verlangte er, dass Elizabeth Warren – eine US-Senatorin, die er «Pocahontas» nannte – ihre indigenen Wurzeln belegen solle. In den ersten Jahren seiner Präsidentschaft forderte er eine

Rechtspraxis der Deportation von Einwanderern ohne Papiere. Er brachte einen Plan zur Trennung von Einwandererkindern von ihren Eltern auf den Weg. Er verfügte Einreiseverbote für Einwanderer aus Ländern mit muslimischer Bevölkerungsmehrheit. Seine Regierung bat die Volkszählungsbehörde U.S. Census Bureau, der Zählung im Jahr 2020 die folgende Frage hinzuzufügen: «Ist diese Person ein Bürger der Vereinigten Staaten?» Er schloss die Regierungsbehörden mehr als einen Monat lang, als ihm der Kongress die finanziellen Mittel für seinen Plan zum Bau einer Mauer zwischen den Vereinigten Staaten und Mexiko verweigerte. Er gab seine Absicht bekannt, die Staatsbürgerschaft kraft Geburt abzuschaffen. Er bezeichnete seine politischen Gegner als «Globalisten». Er bat seine Anhänger, sich selbst als Nationalisten zu bezeichnen. *«Benutzt dieses Wort!»*

Der Winter kam. Der Winter kommt immer. Aber unweigerlich folgt auf ihn der Frühling.

XVI

EIN NEUER AMERIKANISMUS

Die Vereinigten Staaten sind eine Nation, die auf der Grundlage eines revolutionären, großzügigen und zutiefst moralischen Engagements für die Gleichheit und die Menschenwürde gegründet wurde. In den Auseinandersetzungen, die die Geschichte der Nation bilden, in den Auseinandersetzungen, die uns noch bevorstehen, halten die Vereinigten Staaten an diesen Wahrheiten fest: Wir sind alle gleichberechtigt, wir sind gleichberechtigt als Bürger, wir sind gleichberechtigt nach dem Gesetz. Diese Wahrheiten bleiben, der schmerzlichen Vergangenheit der Nation zum Trotz. Jeder Mensch, der diese Wahrheiten bestätigt und daran glaubt, dass wir unser gemeinsames Leben gemeinsam regeln sollten, gehört zu diesem Land. Das ist die Idealvorstellung von Amerika.

Frederick Douglass erläuterte einmal sein Verständnis von dieser Nation: «Eine Regierungsform, die auf Gerechtigkeit gründet und die Gleichberechtigung aller Menschen anerkennt; die keine höhere Autorität für ihre Existenz oder Zustimmung für ihre Gesetze beansprucht als das Naturrecht, die Vernunft und den regelmäßig ermittelten Willen des Volkes; die sich standhaft weigert, ihr Schwert und ihre Geldmittel in den Dienst eines religiösen Bekenntnisses oder einer Familie zu stellen, ist ein ständiges Ärgernis für die meisten Regierungen der Welt und für einige engstirnige und fanatische Personen in unseren eigenen Reihen.» Diese Worte sind eineinhalb Jahrhunderte später noch genauso zutreffend.

Wir Amerikaner sind durch unsere Vergangenheit gebunden, aber noch mehr sind wir aneinander gebunden. Ein neuer Amerikanismus müsste die Mühen und Opfer von Amerikanern ehren, deren Familien schon seit Generationen in den Vereinigten Staaten gelebt haben, ebenso wie die Anstrengungen derjenigen, die erst vor kurzem angekommen sind. Er müsste die Souveränität der indigenen Nationen anerkennen. Er müsste die Ambitionen aller unterstützen. Der mit dem Pulitzerpreis ausgezeichnete Journalist Jose Antonio Vargas, ein Einwanderer ohne Papiere, begann 2011 mit der Befragung von Einwanderern und der Kinder von Einwanderern, die für ihn den Begriff «amerikanisch» definieren sollten. «Amerikanisch ist für mich meine Familie», sagte ein kleines Mädchen. Eine Nation ist diese Sammlung von Definitionen. Dieses Amerika ist eine Gemeinschaft von Zugehörigkeit und Engagement, die zusammengehalten wird von der Kraft unserer Ideen und der Stärke unserer Meinungsverschiedenheiten. Eine auf universellem Gedankengut errichtete Gemeinschaft wird unentwegt über die Bedeutung ihrer Vergangenheit und die Ausrichtung für die Zukunft streiten. Das bedeutet nicht, dass die Vergangenheit oder Zukunft bedeutungslos oder richtungslos ist oder dass irgendjemand es sich leisten kann, den Kampf einfach auszusitzen. Die Nation, wie zu allen Zeiten, *ist* der Kampf.

In einer Welt, die aus Nationen besteht, gibt es keine wirkungsvollere Methode, die Kräfte des Vorurteils, der Intoleranz und der Ungerechtigkeit zu bekämpfen, als das Engagement für Gleichheit, Staatsbürgerschaft und Bürgerrechte, wie sie in einem Rechtsstaat garantiert sind. Ein neuer Amerikanismus würde eine Hingabe an Gleichheit und Freiheit, Toleranz und Nachfragen, Gerechtigkeit und Fairness bedeuten, verbunden mit einem Engagement für nationalen Wohlstand, das untrennbar verbunden ist mit einem unerschütterlichen Eintreten für eine nachhaltig bewirtschaftete Umwelt in aller Welt. Er würde eine scharfsichtige Einschätzung der eigenen Geschichte erfordern, von Leid und ruhmreichen Augenblicken gleichermaßen. Eine Lüge steht auf einem Bein, wie Benjamin Franklin gerne sagte, aber eine Wahrheit steht auf zweien. Ein neuer Amerikanismus würde auf einer Geschichte beruhen, die nach besten Kräften die Wahrheit sagt über das, was W.E.B. Du Bois die schrecklichen Fehler nannte, das entsetzliche Unrecht und die großartigen und wunderschönen Dinge, die Nationen tun. Er würde einen staatsbürgerlichen Geist fördern, einen pfleglichen Umgang mit der Umwelt, eine Reihe von bürgerschaftlichen Idealen und eine Liebe zueinander, die von Wohlwollen und Hoffnung und einer Hingabe an die Gemeinschaft und Ehrlichkeit getragen ist. Beim Blick zurück wie auch

149

nach vorn würde er wissen, dass Recht keinem Menschen schadet.

«Die Geschichte der Vereinigten Staaten bemüht sich zum jetzigen Zeitpunkt nicht um Antworten auf irgendwelche bedeutsamen Fragen», sagte Carl Degler vor rund drei Jahrzehnten einem aus Historikern bestehenden Publikum. Degler hatte, wie wir alle, seine eigenen blinden Flecke. Aber er saß den Kampf nicht aus. Und wenn Menschen, denen die Vergangenheit und die Zukunft der Nation und die Standhaftigkeit liberaler demokratischer Nationen etwas bedeuten, nicht damit beginnen, diese Art von Fragen zu stellen und zu beantworten, werden das andere Leute übernehmen, warnte er. Sie werden Amerika zum Massaker erklären. Sie werden Einwanderer als «Tiere» und andere Länder als «Scheißlöcher» bezeichnen. Sie werden sich selbst als Nationalisten ausgeben. Sie werden sagen, dass sie Amerika wieder groß machen können. Ihre Geschichte wird eine Fiktion sein. Sie werden sagen, dass nur sie allein dieses Land lieben. Sie werden sich irren.

DANK

Daniel Kurtz-Phelan von *Foreign Affairs* lud mich ein, den Essay zu schreiben, der zu diesem Buch wurde. Jane Kamensky las einen frühen Entwurf. Bob Weil bei Norton bat mich, diesen Essay zu einem Buch umzuarbeiten. Tina Bennett gab mir einen dringend benötigten Tritt in den Hintern. Ein herzlicher Dank geht an alle. Ein tief empfundener Dank gilt auch, wie immer, Henry Finder beim *New Yorker*. Besonders dankbar bin ich vier großzügigen Kollegen, die das Manuskript lasen und sehr kurzfristig auch noch wichtige Kommentare beisteuerten: Philip Deloria, Michael Katz, Sanford Levinson und Charles Maier. Don Rifkin und Janet Byrne begleiteten das Manuskript durch die Herstellung. Emily Gogolak prüfte sachkundig die Fakten. Alle verbleibenden Fehler sind meine eigenen. Einen Dank richte ich auch an die Leserinnen und Leser meines letzten Buches *Diese Wahrheiten*, die mir schrieben und die harten Fragen stellten, die mich dazu brachten, dieses Buch zu schreiben.

AUSWAHLBIBLIOGRAFIE

Anderson, Benedict, *Die Erfindung der Nation. Zur Karriere eines folgenreichen Konzepts*, Frankfurt/M.: Campus 1996.

Appiah, Kwame Anthony, «Citizenship in Theory and Practice: A Response to Charles Kesler», in: Pickus (Hg.), *Immigration and Citizenship in the Twenty-First Century*, S. 41–47.

Armitage, David, «Interchange: Nationalism and Internationalism in the Era of the Civil War», in: *Journal of American History* 98 (2011), S. 455–489.

Beeman, Richard/Botein, Stephen/Carter, Edward C. II. (Hg.), *Beyond Confederation: Origins of the Constitution and American National Identity*, Chapel Hill: University of North Carolina Press 1987.

Beiner, Ronald (Hg.), *Theorizing Nationalism*, Albany: State University of New York Press 1999.

Bender, Thomas, *Rethinking American History in a Global Age*, Berkeley: University of California Press 2002.

Carr, E. H. [Edward Hallett], *Nationalism and After*, London: Macmillan 1945.

Cobb, Daniel M., *Say We Are Nations: Documents of Politics and Protest in Indigenous America Since 1887*, Chapel Hill: University of North Carolina Press 2015.

Colley, Linda, *Britons: Forging the Nation, 1707–1837*, New Haven, CT: Yale University Press 1992.

Degler, Carl N., «In Pursuit of an American History», in: *American Historical Review* 92 (Februar 1987), S. 1–12.

Deloria, Vine jr. (Hg.), *Of Utmost Good Faith*, San Francisco: Straight Arrow Books 1971.

Doyle, Don/Pamplona, Marco Antonio (Hg.), *Nationalism in the New World,* Athens: University of Georgia Press 2006.

Dossett, Kate, *Bridging Race Divides: Black Nationalism, Feminism, and Integration in the United States, 1896–1935,* Gainesville: University Press of Florida 2008.

Du Bois, W. E. B., *Black Reconstruction in America,* New York: Free Press 1935.

Epps, Garrett, *Democracy Reborn: The Fourteenth Amendment and the Fight for Equal Rights in Post-Civil War America,* New York: Henry Holt 2006.

Fukuyama, Francis, «The End of History?», in: *The National Interest,* Sommer 1989 (dt.: «Das Ende der Geschichte?», in: *Europäische Rundschau* 17 [1989] 4, S. 3–25).

–, *Identität. Wie der Verlust der Würde unsere Demokratie gefährdet,* Hamburg: Hoffmann und Campe 2019.

Gates, Henry jr., *Stony the Road: Reconstruction, White Supremacy, and the Rise of Jim Crow,* New York: Penguin 2019.

Gellner, Ernest, *Nationalismus und Moderne,* Berlin: Rotbuch-Verlag 1991.

Gerstle, Gary, *American Crucible: Race and Nation in the Twentieth Century,* aktualisiert und mit einem neuen Kapitel zur Ära Obama, Princeton, NJ: Princeton University Press 2018.

Gibson, Arrell Morgan (Hg.), *Between Two Worlds: The Survival of Twentieth Century Indians,* Oklahoma City: Oklahoma Historical Society 1986.

Hall, John A. (Hg.), *The State of the Nation: Ernest Gellner and the Theory of Nationalism,* New York: Cambridge University Press 1998.

Handlin, Oscar, *Race and Nationality in American Life,* Boston: Little, Brown 1948.

Higham, John, «The Future of American History», in: *Journal of American History* 80 (1994), S. 1289–1309.

–, *Strangers in the Land: Patterns of American Nativism, 1860-1925,* New York: Atheneum 1955, 1966.

Hobsbawm, Eric J., *Nationen und Nationalismus. Mythos und Realität,* Frankfurt/M.: Campus 2004.

Hollinger, David, «Nationalism, Cosmopolitanism, and the United States», in: Pickus (Hg.), *Immigration and Citizenship in the Twenty-First Century,* S. 85–99.

Ignatieff, Michael, *Reisen in den neuen Nationalismus,* Frankfurt/M.: Insel 1994.

Judt, Tony, «The New Old Nationalism», in: *New York Review of Books,* 26. Mai 1994.

Kazin, Michael, «A Patriotic Left», in: *Dissent,* 1. Oktober 2002.

Kazin, Michael/McCartin, Joseph A. (Hg.), *Americanism: New Perspectives on the History of an Ideal,* Chapel Hill: University of North Carolina Press 2006.

Kedourie, Elie, *Nationalismus,* München: List 1971.

Kohn, Hans, *American Nationalism: An Interpretive Essay,* New York: Macmillan 1957.

Lee, Erika, *The Making of Asian America: A History,* New York: Simon & Schuster 2015.

Leeman, William P., «George Bancroft's Civil War: Slavery, Abraham Lincoln, and the Course of History», in: *New England Quarterly* 81 (2008), S. 462–488.

Lepore, Jill, *Diese Wahrheiten. Geschichte der Vereinigten Staaten von Amerika,* München: C.H.Beck 2019.

Levinson, Sanford, «Is Liberal Nationalism an Oxymoron? An Essay for Judith Shklar», in: *Ethics* 105 (1995), S. 626–645,

Lieber, Francis, *Nationalism: A Fragment of Political Science,* New York 1860.

Lieven, Anatol, *America Right or Wrong: An Anatomy of American Nationalism,* New York: Oxford University Press 2004.

Lind, Michael, «The Case for American Nationalism», in: *The National Interest*, Mai/Juni 2014.

–, *The Next American Nation: The New Nationalism and the Fourth American Revolution*, New York: Free Press 1995.

McCardell, John, *The Idea of a Southern Nation: Southern Nationalists and Southern Nationalism, 1830–1860*, New York: Norton 1979.

McCartney, Paul T., «American Nationalism and U.S. Foreign Policy from September 11 to the Iraq War», in: *Political Science Quarterly* 119 (2004), S. 399–423.

Maier, Charles, *Once Within Borders: Territories of Power, Wealth and Belonging Since 1500*, Cambridge, MA: Harvard University Press 2016.

Minian, Ana Raquel, *Undocumented Lives: The Untold Story of Mexican Migration*, Cambridge, MA: Harvard University Press 2018.

Murrin, John, «A Roof without Walls: The Dilemma of American National Identity», in: Beeman et al. (Hg.), *Beyond Confederation*, S. 333–348.

Ngai, Mae M., *Impossible Subjects: Illegal Aliens and the Making of Modern America*, Princeton, NJ: Princeton University Press 2004.

Offen, Karen (Hg.), *Globalizing Feminisms, 1789–1945*, London: Routledge 2010.

Okrent, Daniel, *The Guarded Gate: Bigotry, Eugenics, and the Law That Kept Two Generations of Jews, Italians, and Other European Immigrants Out of America*, New York: Scribner 2019.

Pask, Kevin, «Mosaics of American Nationalism», in: *New Left Review* 88 (Juli/August 2014), S. 69–87.

Pei, Minxin, «The Paradoxes of American Nationalism», in: *Foreign Policy*, Mai/Juni 2003.

Pfaff, William, *Die Furien des Nationalismus. Politik und Kultur am Ende des 20. Jahrhunderts*, Frankfurt/M.: Eichborn 1994.

Pickus, Noah M. J. (Hg.), *Immigration and Citizenship in the Twenty-First Century*, Lanham, MD: Rowman and Littlefield 1998.

Poliandri, Simone (Hg.), *Native American Nationalism and Nation Rebuilding: Past and Present Cases*, Albany: State University of New York Press 2016.

Potter, David M., «The Historian's Use of Nationalism and Vice Versa», in: *Journal of American History* 67 (1962), S. 924–950.

Renan, Ernest, «Was ist eine Nation?» («Qu'est-ce qu'une nation?», 1882), in: Michael Jeismann/Henning Ritter (Hg.), *Grenzfälle. Über alten und neuen Nationalismus*, Leipzig: Reclam 1993, S. 290–311; oder unter: www.zeit.de/reden/die_historische_rede/200109_historisch_renan.

Roshwald, Aviel, *The Endurance of Nationalism: Ancient Roots and Modern Dilemmas*, New York: Cambridge University Press 2006.

Sánchez, George J., *Becoming Mexican American: Ethnicity, Culture, and Identity in Chicano Los Angeles, 1900–1945*, New York: Oxford University Press 1993.

Schlesinger, Arthur M. jr., *The Disuniting of America*, New York: Norton 1991.

–, *The Vital Center: The Politics of Freedom*, Boston: Houghton Mifflin 1949.

Smith, Rogers, *Civic Ideals: Conflicting Visions of Citizenship in U.S. History*, New Haven, CT: Yale University Press 1997.

Snyder, Louis L., *The Meaning of Nationalism*, New Brunswick, NJ: Rutgers University Press 1954.

Spencer, Philip/Wollman, Howard (Hg.), *Nationalism: A Critical Introduction*, London: Sage 2002.

Sutherland, Claire, *Nationalism in the Twenty-first Century: Challenges and Responses*, New York: Palgrave Macmillan 2012.

Tamir, Yael, *Liberal Nationalism*, Princeton, NJ: Princeton University Press 1993.

Tolz, Vera/Booth, Stephenie (Hg.), *Nation and Gender in Contemporary Europe*, Manchester: Manchester University Press 2005.

Trautsch, Jasper M., «The Origins and Nature of American Nationalism», in: *National Identities* 18 (2016), S. 289–312.

Trilling, Lionel, *The Liberal Imagination,* New York: Viking 1950.

U.S. Immigration Commission, *Dictionary of Races or Peoples,* Washington, DC: Government Printing Office 1910.

Waldstreicher, David, *In the Midst of Perpetual Fetes: The Making of American Nationalism, 1776–1820,* Chapel Hill: University of North Carolina Press 1997.

Wiebe, Robert H., *Who We Are: A History of Popular Nationalism,* Princeton, NJ: Princeton University Press 2002.

Wong, Edlie L., *Racial Reconstruction: Black Inclusion, Chinese Exclusion, and the Fictions of Citizenship,* New York: New York University Press 2015.

1.120 Seiten mit 33 Abbildungen. Leinen
ISBN 978-3-406-73988-0
Historische Bibliothek der Gerda Henkel Stiftung

«Eine völlig neue, brillant erzählte Geschichte der Vereinigten
Staaten ... ein bahnbrechendes, ach was: revolutionäres Buch
über den politischen Werdegang des Landes.»
Alexander Cammann, DIE ZEIT

VERLAG C.H.BECK